인공지능과 콘텐츠 비즈니스

AI문고

인공지능 시대입니다. 기계가 인간의 인지를 대신하고, 사물이 인간을 통하지 않고 다른 사물과 직접 커뮤니케이션합니다. 이에 따른 인간 삶과 문명 변화를 정확히 이해·예측·대응하는 것은 이 시대 우리 모두의 과제입니다. AI문고는 인공지능 기술과 환경의 여러 주제를 10가지 키워드로 정리합니다. 관련 개념과 이론, 학계와 산업계의 쟁점, 우리 일상의 변화를 다룹니다. 인간과 기술의 현재, 미래를 세심히 분석합니다.

일러두기

- 인명, 작품명, 저서명, 개념어 등은 한글과 함께 괄호 안에 해당 국가의 원어를 병기했습니다.
- 외래어 표기는 현행 어문규정의 외래어표기법을 따랐습니다.

처음이세요?

전문가세요?

인공지능과 콘텐츠 비즈니스

이성민

대한민국, 서울, 커뮤니케이션북스, 2025

인공지능과 콘텐츠 비즈니스

지은이 이성민
펴낸이 박영률

초판 1쇄 펴낸날 2025년 4월 18일

커뮤니케이션북스(주)
출판 등록 2007년 8월 17일 제313-2007-000166호
02880 서울시 성북구 성북로 5-11
전화(02) 7474 001, 팩스(02) 736 5047
commbooks@commbooks.com
www.commbooks.com

ISBN 979-11-7307-870-5 03500

책값은 뒤표지에 표시되어 있습니다.

차례

인공지능, 콘텐츠 혁신을 위한 도구

생성형 인공지능의 시대에 콘텐츠 기업이 마주하게 될 현실로부터 이야기를 시작해 보자. 가장 먼저, '기계가 창작자의 지위를 위협할 것인가'와 같은 질문이 떠오른다. 생성형 인공지능의 등장 이전에는 많은 사람들이 기계가 인간의 창작 활동을 대체할 수는 없을 거라 생각했다. 2016년 다보스 포럼이 출간한 『일자리의 미래(The Future of Jobs)』 보고서는 소위 '4차 산업 혁명'으로 인한 고용 감소가 적은 분야로 디자인 · 스포츠 · 미디어 분야를 꼽았다(World Economic Forum, 2016). 프레이와 오즈번(Frey & Osborne)의 연구 보고서에서도 20년 안에 사라질 가능성이 높은 직업으로 예술 감독이나 제작자를 366개 직업 중 275위로 예측했다(Frey & Osborne, 2013). 지금의 생성형 인공지능 발전이 가져온 두려움을 고려하면, 다소 낭만적인 예측이 아니었나 생각하게 된다.

생성형 인공지능의 등장은 창작 활동이 인간의 고유한 영역이라는 기존의 인식에 큰 변화를 가져왔다. 인간의 창의적 활동 다수가 디지털의 영역에서 이루어지고 있었음을 고려한다면, 사실 이러한 변화는 어느 정도 예측 가능한 것이었다. 기계는 디지털 데이터를 이해하고 학습한다. 다시 말해, 디지털로 변환될 수 있는 데이터가 있는 모든 영역은, 인공지능이 가장 역량을 잘 발휘할 수 있는 분야다. 콘텐츠 산업은 디지털 전환을 통해 성장해 온 대표적인 분야로, 다수의 콘텐츠가 이미 디지털 데이터의 형태로 전환되어 있고 많은 창작의 과정들 역시 디지털 기술을 기반으로 이루어진다. 문제는 인공지능이 어느 정도까지 인간의 역할을 대체할 수 있을 것인지다.

생성형 인공지능이 등장하면서, 본격적으로 다양한 유형의 콘텐츠를 기계가 생성해 내기 시작했다. 초기에는 누구나 쉽게 인공지능이 만들어 낸 결과물이란 것을 알 수 있을 정도로 품질이 낮은 수준이었다. 그러나 이러한 문제는 매우 빠르게 해소되고 있다. 이미지 생성 초기에 나타났던 일관성의 문제를 해결한 도구들과 방법들이 등장했고, 동영상 생성 인공지능은 점차 다양한 현실의 물리 법칙을 학습하고 재현하는 방식으로 발전하고 있다.

여기에서 고민이 시작된다. 기존에 인간만이 해낼 수

있을 것이라 생각했던 창작의 영역을 기계가 더 잘할 수 있게 된다면, 인간은 무엇을 해야 하는가. 인간의 창의성을 주된 자원으로 하는 콘텐츠 산업에 이러한 변화는 긍정적인 기회로 작용할 것인가, 아니면 산업의 근간을 위협하는 위기의 시작이 될 것인가.

흥미로운 것은 이러한 질문들이 단순한 인간 창작의 대체 여부를 넘어서, 창작이란 행위 자체에 대한 더 깊은 고민으로 연결된다는 것이다. 그동안 우리는 창작을 오롯이 인간만의 고유한 영역으로 여겨 왔다. 이제 우리는 생성형 인공지능이 그림을 그리고, 이야기를 쓰고, 음악을 만들어 내는 모습을 목격하고 있다. 기계가 만들어 낸 결과물은 인간의 것과 어떤 점에서 다른가? 기계가 인간보다 빠르게 결과물을 만들어 내는 시대에, 인간의 창의성은 어떤 지점에서 기계와 차별화된 역할을 할 수 있을까?

문제는 이러한 변화가 단순히 철학적인 고민을 넘어서, 창작을 핵심 가치로 삼아 온 콘텐츠 산업 전반에 거대한 지각 변동을 불러올 것이란 점이다. 일부에서는 인공지능이 창작자의 일자리를 위협할 것이란 우려를 제기한다. 반면 새로운 창작의 도구로서 인공지능이 창작의 가능성을 넓혀 줄 것이란 기대의 목소리도 있다. 자동화와 효율화에 대한 기대와 함께 막연한 두려움과 무시가 공존한다.

여기에 더하여, 콘텐츠 창작자와 기업의 입장에선 앞으로의 콘텐츠 산업 자체의 변화에 대해서도 고민하지 않을 수 없다. 인공지능 기술의 영향은 단순히 창작 과정 자체의 변화에 그치지 않는다. 기존의 디지털 전환의 과정을 돌이켜 본다면, 인공지능 기술 역시 콘텐츠 산업 자체의 근본적인 변화를 촉발할 가능성이 높다. 콘텐츠 산업의 각 영역에서 어떤 변화가 나타날지, 여기에 어떤 대응 방식이 필요할지에 대한 보다 세밀한 검토가 필요한 이유도 여기에 있다.

인공지능 시대, 콘텐츠 기업이 직면한 과제들

콘텐츠 기업은 창의성이라는 인간의 본질적 가치에 뿌리를 두고 있으면서도, 언제나 기술의 변화에 빠르게, 그리고 적절하게 적응하기 위해 노력해 왔다. 20세기 미디어 기술의 발전 속에서 대중문화의 탄생과 문화의 산업화를 거쳐 왔고, 미디어 디지털화의 흐름 속에서 비즈니스 모델의 급격한 전환에 대응하며 지금의 콘텐츠 산업을 형성하였다. 생성형 인공지능 기술의 등장은 한편으론 지금까지의 변화와는 또 다른 고민의 시작점이면서도, 기술 변화에 대응해야 했던 그동안의 노력을 이어 가는 과정이기도 하다.

다만, 인공지능이 단순히 콘텐츠 창작의 방식, 창작 주체의 성격에만 영향을 주는 것이 아니란 점은 분명히 해야 할 것이다. 아무래도 가장 눈에 띄는 영역이 이미지와 사운드 등의 '생성'이기 때문에, 창작 과정의 변화에 주목을 하게 되는 것은 어쩔 수 없다. 그러나 인공지능 기술의 발전은 단계적으로 창작은 물론 유통, 소비, 그리고 콘텐츠 자체와 비즈니스 모델 전반과 제도에도 영향을 주며 산업의 지형 자체를 바꾸어 갈 것이다.

과거의 미디어 기술 발전 과정도 이러한 변화를 동반하는 것이었다. 전파의 발명은 '방송'이라는 새로운 산업의 영역을 만들어 냈고, 사진의 발명은 화가들의 화풍에 변화를 가져왔다. 디지털 음원 기술과 인터넷의 발전은 스트리밍 방식의 서비스와 저작권 관리 방식의 변화로 이어졌다. 인공지능 기술이 기존의 디지털 전환에 버금가는 근본적인 변화의 흐름이라고 한다면, 그 변화의 영향에 대해서도 보다 폭넓은 범위에서 검토할 필요가 있는 것이다.

예를 들어, 생성형 인공지능은 저작권 제도에 대해 질문을 던진다. 생성형 인공지능을 활용하려는 기업이 직면하는 대표적인 문제는 인공지능 기술을 활용하는 단계, 그리고 생성된 결과물의 보호의 측면에서 리스크 요인이 있다는 것이다. 기존의 저작물을 학습한 인공지능 모델이 만들어 내는 결과물이 기존 저작물의 저작권을 침해하지 않을 것이라고 보장할 수 있을까? 또 사람의 창작물만 저작권을 보호하는 제도의 틀 안에서 인공지능을 통해 만들어 낸 결과물의 저작권을 보호할 수 있을까? 현재의 콘텐츠 산업이 저작권이란 지식 재산권의 활용에 크게 의존하고 있다는 점을 고려한다면, 이러한 제도의 변화는 앞으로의 산업의 흐름을 바꿀 수 있는 중요한 요소로서 주목할 필요가 있다.

인공지능 기술의 활용과 관련해서 산업 생태계의 다양한 주체들의 인식과 평가도 중요하게 고려해야 할 쟁점이다. 2023년 네이버 웹툰의 아마추어 플랫폼에서는 인공지능 웹툰에 대한 보이콧 여론이 강하게 나타난 바 있다. 인공지능 기술의 모델을 만드는 과정에서 기존 작가들의 저작권을 침해하고 있다는 비판과, 앞으로도 작가의 설 자리를 위협할 수 있다는 우려가 결합되면서 인공지능 기술 활용에 대한 반감이 크게 확산된 것이다. 한국콘텐츠진흥원(2025)이 발표한 『2024 웹툰산업 실태조사』에 따르면, 웹툰 사업체의 인공지능 활용 의향

(63.8%)에 비해 작가들의 의향(36.1%)이 낮게 나타났다. 인공지능 기술에 대한 수용성이 기업, 작가, 수용자 등 각자의 입장과 맥락에 따라 서로 다를 수 있는 것이다.

인공지능 기술을 실제로 기업이 적용하려고 할 때, 여전히 인공지능은 완벽하지 않다는 점도 고민하지 않을 수 없다. 대표적인 것이 인공지능이 잘못된 정보를 생성하는 할루시네이션(hallucination) 현상이다. 물론 인공지능 기술이 발전하면서 신뢰할 수 있는 출처를 통해 정보를 찾아 주는 방식으로 이를 개선하고 있지만, 여전히 인간의 적절한 개입과 검증이 필요한 부분은 남아 있다.

이러한 한계는 기술 도입에 대한 '저항'과도 연결된다. 익숙한 콘텐츠 제작 프로세스를 인공지능 기술이 적용된 방식으로 바꾸기 위해선 많은 노력과 비용, 시간이 필요하다. 여러 가능성에도 불구하고 현재의 인공지능을 활용한 창·제작 프로세스는 기존과는 다른 파이프라인의 구축과 새로운 숙련을 요구한다. 아직 기존 방식의 작업이 더 효율적이라고 생각하는 인력이 남아 있는 상황에서 유의미한 수준의 기술적 진보가 나타나기 이전까지는 이에 대한 저항이 나타날 수 있다.

인공지능 시대, 무엇이 콘텐츠인가?

그럼에도 인공지능 기술의 발전은 지속적으로 기존 콘텐츠 산업의 여러 전제들을 바꾸어 나갈 것이다. 예를 들어, '무엇이 콘텐츠인가'라는 질문을 던져 볼 수 있다. 과거 미디어와 콘텐츠가 결합되어 있던 아날로그 미디어 시대와 비교할 때, 디지털 미디어 환경의 콘텐츠는 보다 유동적인 형태로 변화하고 있다. 영상물은 극장 상영과 방송 편성을 벗어나 더 다양한 형태로 제공되고 있고, 형식 역시 전형적인 가로 스크린의 틀을 벗어나 세로 형태의 영상으로도 서비스되고 있다.

지금 유튜브에 존재하는 영상 콘텐츠를 생각해 보자. 하나의 콘텐츠가 여러 방식으로 재편집된 형태로 상호 연결되어 존재한다. 수많은 쇼츠들은 다양하게 재구성된 버전의 홍보용 영상들과 연계되고, 이는 다시 외부의 유료 플랫폼에 존재하는 본편 영상으로 연결된다. 누군가는 몇 개의 쇼츠를 시청하는 것에서 멈출 것이고, 누군가는 이 모든 영상을 연계해서 소비할 것이다.

이미 지금의 디지털 환경에서도 콘텐츠는 더 이상 고정된 형태로 존재하지 않는다. 하나의 콘텐츠가 다양한 형태로 변환되고 재구성되며, 이용자의 상황과 필요에 따라 유동적으로 변화하는 '액체 미디어(liquid media)'

의 특성을 보인다(이성민, 2022).

이는 콘텐츠에 대한 우리의 근본적인 인식을 바꾸는 변화이기도 하다. 우리는 모두가 동일하게 완결된 형태의 콘텐츠를 소비하는 문화를 벗어나기 시작했다. 과거의 미디어 콘텐츠는 정해진 러닝 타임과 분량, 고정된 서사, 소비의 속도 등 완결된 형태로 우리에게 제공되었다. 이제 우리는 콘텐츠 자체를 각자의 속도로, 각자가 원하는 부분을, 각자의 방식으로 소비하는 것에 익숙해지고 있다.

인공지능 기술은 이러한 변화를 더욱 가속화할 것이다. 인공지능 기술은 콘텐츠의 재구성을 보다 용이하게 해 준다는 점에서 콘텐츠의 유동성을 한층 더 강화한다. 이로 인해 콘텐츠는 완결된 것이라기보다 언제든지 재구성될 수 있는 유동적인 것으로 변화한다. 이러한 변화는 콘텐츠의 정의와 범주에 대한 근본적인 재검토를 요구하게 될 것이다.

인공지능 기술의 쓸모

보다 구체적으로, 인공지능 기술은 콘텐츠 기업에 어떤 기여를 할 수 있을까? 이는 기획, 창·제작, 유통, 소비의 단계로 나누어 살펴볼 수 있다.

기획 단계에서 인공지능 기술은 다양한 결과물을 신속하게 시각화하고 공유할 수 있도록 해 준다는 점에서 효과적인 공동 작업을 도울 수 있다.

콘텐츠 창 · 제작 단계에서도 생성형 인공지능은 다양한 측면에서 활용될 수 있다. 예를 들어 기사 자동 생성이나 소셜 미디어용 콘텐츠 변환과 같은 작업에서 인공지능의 역할이 두드러진다. 기사의 문체를 바꿔 주는 인공지능의 경우, 이미 존재하는 기사를 소셜 미디어에 걸맞은 문체로 바꿔 주는 인력을 대체하는 역할을 한다. 또한 인터넷에서 유통되는 밈(meme)과 같은 짧은 이미지, 쇼트 폼 동영상, 다양한 콘텐츠의 애셋(Asset), 즉 재료 콘텐츠들의 생성 등에도 인공지능을 활용할 수 있다.

유통 측면에서는 현지화 비용을 낮추는 방식으로 글로벌 유통을 확대해 줄 수 있다. 인공지능 번역과 인간 전문가의 조합은 현지화 프로세스를 보다 효율적이고 효과적으로 만든다. 인공지능 번역은 속도와 정확성을 제공하며, 이를 기반으로 인간 전문가들은 보다 섬세한 현지화 작업에 집중할 수 있다.

인공지능 서비스 자체가 콘텐츠 유통 경로로 활용될 가능성도 고려하지 않을 수 없다. 이미 뉴스나 자료 검색의 과정에서 인공지능은 다양한 자료를 요약하고 재구성해서 전달하는 방식으로 정보의 유통 경로를 바꾸어 가고 있다. 콘텐츠 유통 경로에서 인공지능의 활용이 늘어나다 보면, 기존 유통 체계의 여러 문법들에 변화가 나타날 수 있는 것이다. 퍼플렉시티AI(Perplexity AI)와 같은 인공지능 검색 서비스의 활용이 늘어나면서, '인공지능 검색 최적화'에 대한 전략을 고민하게 되는 것이 대표적인 변화다.

소비 측면에서도 기존의 '검색' 기반 콘텐츠 접근이 아닌 인공지능의 추천에 기반한 '발견'이 중심이 되는 방식으로 변화가 나타나고 있다. 이재현(2018)의 지적과 같이 '선제(Preemption)'에 의존하는 콘텐츠 소비 방식이 확대될 수 있는 것이다.

다만, 인공지능 기술이 콘텐츠 산업을 단기간에 완전히 바꾸어 놓을 것인가에 대해선 조금은 조심스러운 접근이 필요하다. 여전히 인공지능은 하나의 도구이며, 이를 어떻게 활용하여 의미 있는 콘텐츠를 만들어 낼 것인가는 인간의 몫이다. 중요한 것은 이러한 도구를 어떻게 효과적으로 활용하여 의미 있는 결과물을 만들어 낼 것인가에 대한 인간의 통찰력일 것이다.

인공지능이 적절한 '도구'의 위치에 머무르고, 인간을 돕는 좋은 도구로서 역할을 할 수 있도록 하는 것 역시 우리 인간의 몫이다. 인공지능을 인간처럼 대하고 권위를 부여한다면 우리 스스로 우리의 역할을 인공지능에게 넘겨주는 결과가 될 것이다. 오히려 더 적극적으로, 인공지능에게 맡길 일과 우리가 더 잘해 내야 할 일들을 찾아 나가는 위치 찾기의 노력이 필요한 시기다.

인공지능이 바꾸는 새로운 '판' 읽기

기술 발전이 가속화되는 시기엔 기술 자체에 매몰되어 전체 판의 변화를 총체적으로 이해하기 어렵게 되곤 한다. 하루가 멀다 하며 쏟아져 나오는 새로운 기술들은 인공지능 기술이 가져올 변화 자체에 빠르게 올라타지 않으면 뒤처질 것 같은 우려를 불러일으킨다. 이러한 우려는, 특히 인력 수요와 산업 구조를 예상할 수 없는 상황에서 과도한 불안과 냉소를 촉발할 수 있다. 이는 인공지능으로 인한 창작자의 대체 가능성을 과대평가하거나, 콘텐츠 산업 생태계에 대한 인공지능의 영향력을 과소평가하는 식의 상반된 반응으로 이어질 수 있다.

이렇게 상반된 전망이 공존하는 상황에서, 우리에게 필요한 것은 보다 구체적이고 체계적인 분석이다. 콘텐츠 산업의 생태계는 단순히 '창작'이란 행위에 한정되지 않는다. 기획에서 제작, 유통을 거쳐 최종적으로 이용자와 만나기까지의 전 과정이 유기적으로 연결되어 있다. 각 단계마다 서로 다른 주체들이 참여하고 있으며, 그들의 역할과 가치 역시 각각의 특성을 갖는다. 생성형 인공지능의 영향 역시 이러한 산업의 구조적 특성을 고려해서 단계별로 면밀히 검토할 필요가 있다.

이 책은 이러한 고민에서 출발해서, 콘텐츠 기업의 입장에서 생성형 인공지능 기술이 만들어 내는 변화를 어떻게 바라보고 대응해야 할지에 대해 방향성을 제시하는 것을 목표로 한다. 콘텐츠 기획, 제작, 유통 등의 단계별로 생성형 인공지능의 도입으로 인해 나타날 수 있는 변화를 살펴보고, 향후 콘텐츠 기업이 지금의 변화를 어떻게 더 나은 비즈니스의 기회로 활용할 수 있을지에 대해 논의하고자 한다.

구체적으로 1장에서는 인공지능이 콘텐츠 산업에 가져올 변화를 전반적으로 살펴보고, 총체적 관점에서 콘텐츠 산업의 변화에 주목해야 할 이유에 대해 논의한다. 2장에서는 콘텐츠 산업이 갖는 특징을 살펴보고, 콘텐츠 산업 특유의 여러 문제점을 인공지능을 통해 개선할 수 있는 가능성을 탐색한다. 3장에서는 콘텐츠 기획 분야에서 생성형 인공지능이 활용될 수 있는 방식들에 대해 검토하고, 4장에서는 콘텐츠 제작 단계에서의 구체적인 활용 사례들을 살펴본다. 5장에서는 콘텐츠 유통 측면의 변화를 해외 유통 확대와 인공지능에 기반한 유통의 등장 가능성으로 나누어 살펴본다. 6장에서는 콘텐츠 이용 방식의 변화가 인공지능 기술을 통해 어떻게 나타날 수 있을지를 콘텐츠에 대한 인식 자체의 변화 가능성과 연계하여 살펴본다. 7장에서는 인공지능 기술의 발전에 따른 저작권의 주요 쟁점들을 검토하고, 8장에서는 메타버스(metaverse)와 인터랙티브(interactive) 콘텐츠와 같은 '뉴 콘텐츠'의 성장에 인공지능이 어떤 역할을 할 수 있을지를 살펴본다. 9장에서는 인공지능 시대에 더욱 중요해지는 사람의 역할에 대해 살펴보고, 마지막 10장에서는 콘텐츠 비즈니스의 변화 가능성을 탐색해 본다.

이 책을 쓰는 과정에서 가장 중점을 두었던 부분은 생성형 인공지능에 대한 막연한 두려움과 과도한 찬사, 혹은 필요 이상의 무시와 회피를 넘어서기 위해 균형을 찾는 노력이었다. 생성형 인공지능에 대한 근거 없는 불안과 맹목적인 기대, 환상의 영역들은 걷어 내고 실제 현실적으로 도움이 되는 지점들을 발굴해 내는 것이 지금 인공지능 시대를 준비하는 콘텐츠 기업에 가장 필요한 태도라 생각했기 때문이다.

이는 집필 과정에서 여러 자료를 검토하며 계속해서

고민했던 부분이기도 하다. 어떤 자료를 볼 때는 인공지능 기술에 경탄하다가도, 막상 실제 결과물들을 찾아보는 과정에서 실망이 커지기도 했다. 집필의 과정 중에도 기술의 발전이 빠르게 나타났기 때문에, 특정 시기의 실망과 기대가 너무 많이 반영되지 않도록 하는 균형이 필요했다.

위기와 기회는 늘 함께 온다. 생성형 인공지능이 가져올 변화 역시 마찬가지다. 지금 필요한 것은 이러한 변화의 본질을 정확히 이해하고, 이에 대한 구체적이고 실천적인 대응 방안을 마련하는 것이다. 이 책이 콘텐츠 산업의 미래를 준비하는 이들에게 의미 있는 통찰과 방향성을 제시할 수 있길 기대한다.

참고문헌

이성민(2022). 콘텐츠 IP 시대, 트렌드 읽기: 매체 환경의 변화 속에서 콘텐츠 IP 시대가 열리다. 김경달 외 저. 『디지털 미디어 인사이트 2023』(300-340쪽). 이은북.

이재현(2018). 포스트-텍스트: 알고리즘 시대의 텍스트 양식. ≪언론정보연구≫, 55(4), 175-215쪽.

한국콘텐츠진흥원(2025). 2024 웹툰산업 실태조사. https://welcon.kocca.kr/ko/info/trend/1954626

Frey, C. B. & Osborne, M.(2013). *The Future of Employment: How susceptible are jobs to computerisation?*, Oxford

Martin University Press.
World Economic Forum.(2016). The Future of Jobs. https://www.weforum.org/publications/the-future-of-jobs-2016/

01
콘텐츠 기업이 인공지능을 고민하는 이유

생성형 인공지능의 등장은 단순한 기술적 변화를 넘어, 인간의 창의적 활동 전반에 큰 영향을 미치기 시작했다. 인공지능을 통한 콘텐츠의 생성과 활용이 어떤 수준에 도달해 있는지, 이때 콘텐츠 기업은 어떤 선택을 해야 할지에 대한 고민이 필요하다. 이 장에서는 창작의 판을 바꾸는 기술적 전환에 대한 콘텐츠 기업들의 대응을 살펴보고, 인공지능 시대에 인간의 창의성이 어느 위치에 있으며 콘텐츠 창작에서 어떤 역할을 할지 탐색한다.

AI와 1인 창업?

콘텐츠 분야의 인공지능, 어디까지 왔나

콘텐츠 산업에서 활용 가능한 생성형 인공지능은 어떤 수준으로 발전해 있을까? 물론, 게임, 웹툰 등 개별 콘텐츠 분야에서 하나의 작품을 완전히 생성해 내는 단계에 진입했다고 보기는 어려울 것이다. 그러나 콘텐츠의 '생성'이 이루어지는 모달리티(Modality)를 기준으로 살펴본다면, 텍스트, 사운드, 이미지, 동영상 등 각각의 영역에서 기술의 발전은 이미 실용적인 활용이 가능한 수준으로 빠르게 진행되고 있다.

구체적으로 텍스트 측면에서는 챗GPT(Chat GPT), 클로드(Claude)와 같은 서비스들이 콘텐츠 창작을 위한 시나리오 작성 등의 과정이나, 유튜브 콘텐츠 제작을 위한 대본의 초안 작성, 이야기 핵심 요소의 발굴과 같은 다양한 작업에 활용되고 있다. 캐릭터의 특징들을 개발하고 세계관의 요소들을 세분화하며, 아이디어를 발굴하고 발전시키는 단계에서 텍스트의 생성이 활용되고 있다.

소리와 음악 생성의 측면에서도 인공지능의 활용은 활발하게 이루어지고 있다. 오디오 북과 같이 사람의 목소리로 콘텐츠를 만드는 분야에서는 이미 인공지능 텍스트 음성 변환(TTS, Text to Speech)이 적극적으로 활용된다. 성우가 녹음한 오디오 북과 함께, 인공지능 성우가 낭독한 오디오 북을 이미 많은 서비스에서 발견할 수 있다. 음악 분야에서는 수노(Suno)와 같은 인공지능 작곡 서비스가 활용되고 있다. 인공지능 서비스가 콘텐츠의 특성을 고려해서 생성해 준 음악을 배경 음악으로 활용하는 사례가 특히 1인 미디어 영상 등에서 많아지고 있다.

이미지와 동영상 생성은 변화의 속도가 빠른 분야 중 하나다. 미드저니(Midjourney), 스테이블 디퓨전(Stable Diffusion)과 같은 이미지 생성 인공지능을 활용한 프레젠테이션, 영상 콘텐츠 제작이 활발하게 이루어지고 있으며, 상업 광고 등에서도 이러한 이미지를 활용하는 사례가 늘어나고 있다. 소라(Sora), 런웨이(Runway), 클링(KLING) 등 동영상 생성 인공지능도 활발하게 사용되기 시작했다. 단순히 프롬프트(prompt)를 입력하는 단계를 넘어 기존의 여러 학습 모델을 병합하여 세부적으로 조정한 결과를 이미지로 생성한 뒤, 이를 동영상 생성에 활용하는 방식으로 생성물의 품질을 높이는 다양한 노하우들도 축적되고 있다.

이미지 생성 서비스가 출시된 초기에는 일관성을 유지하는 데 한계가 많다는 지적이 제기되었다. 동영상 생성 인공지능에 대해서도 아직 많은 기대를 하기 어렵다는 지적이 많았다. 그러나 텍스트 프롬프트뿐 아니라 기존 이미지를 활용하고 세부 구성 요소에 대한 미세 조정이 가능한 방식들을 발굴해 나가면서, 이러한 한계들도 빠르게 해소되어 가는 중이다.

예를 들어, 스테이블 디퓨전의 웹 UI 일종인 컴피UI(ComfyUI)에서는 이미지 생성을 워크플로(workflow)의 형태로 작업한다. 이를 활용하면 다양한 학습 모델을 병합 및 혼합하여 사용하고, 화면의 구성 요소와 배경, 조명 등에 세부적인 프롬프트를 입력하고, 컨트롤넷(ControlNet)과 같이 의도하는 동작을 적용하고, 기존 이미지를 적용해서 생성에 활용하는 등의 과정을 거치게 된다. 인페인트(inpaint) 기능을 활용하면 이미지 내 세부 요소들의 정교한 작업이 가능하다. 이미지 생성의 과정에 창작자의 의도가 더 세부적으로 개입될 수 있도록 하는 작업 방식들이 빠르게 개발되고 적용되고 있는 것이다.

이렇게 생성된 이미지를 영상 생성에 활용하면 보다 고품질의 영상 생성과 일관성 있는 영상 요소의 구성도 가능하다. OTT와 같이 고품질의 영상이 필요한 상업 영상 분야에서의 활용에는 더 오랜 시간이 필요할 수 있으나, 유튜브 등 1인 미디어 콘텐츠에서 활용할 수 있는 수준의 영상 생성은 이미 가능한 상황이다.

무엇보다 다양한 크리에이터들이 생성형 인공지능 기술의 활용 방식을 적극적으로 공유하고 공동의 탐구를 이어 가고 있다는 점은 활용의 속도가 빨라질 것이라는 점을 예상하게 한다. 이미지 생성의 경우, 로라(LoRA, Low-Rank Adaptation)와 같은 세부적인 학습 모델 및 이들을 활용한 이미지 생성 프롬프트와 파라미터들을 적극적으로 공유하는 웹사이트와 포럼들이 활발하게 운영되고 있다.

생성형 인공지능은 신기함의 대상에서 벗어나 이미 창작자들의 콘텐츠 제작 작업의 내부로 들어오기 시작했다. 정도의 차이는 있지만 콘텐츠의 기획부터 창작, 유통에 이르는 과정 전체에서 생성형 인공지능의 영향을 피하기란 오히려 쉽지 않을 것이다.

인공지능을 둘러싼 콘텐츠 기업의 고민들

인공지능과 관련하여 창작자나 기업이 가장 고민하는 지점은 여러 가지가 있다. 우선, 인공지능 기술 변화의 속도가 매우 빠르기 때문에 어떻게 대응해야 할지에 대한 불안감이 존재한다. 또한 이러한 기술 발전에 따른 비용 절감과 업무 효율화에 대한 기대와 우려가 공존한다.

비용 절감 측면에서 인공지능을 활용하기 위해서는 상당수의 인력 투입이 요구되므로 기대한 만큼의 비용 절감 효과를 얻지 못할 가능성이 높다는 지적이 있다. 아울러 인공지능 기술 도입을 통해 업무 과정 전반에 변화를 주어야 하므로, 단기적으로는 효율화가 이루어지기 어렵다는 우려도 제기된다. 실제 작업을 진행하다 보면 효율화가 이루어지는 부분도 있지만, 이를 위해서는 많은 사람의 참여와 노력을 통한 설정 과정이 필요해 자칫 비효율적인 과정을 겪게 된다. 이러한 요인들은 인공지능 도입에 있어 더욱 신중한 접근을 요구한다.

하지만 이러한 한계들은 실제로 어떤 콘텐츠를 만들어 낼 것인지에 따라 불필요한 우려가 되기도 한다. 보통 '밈(meme)'이라고 하는 매우 짧은 형식의 콘텐츠나 인터넷에서 짧게 소비되는 쇼트 폼 콘텐츠의 경우, 완성도에 대한 고민보다 신속한 생성과 대응이 더 중요하다. 이러한 콘텐츠 제작 측면에서는 인공지능 기술을 통한 효율성이 나타난다. 특히 1인 미디어 창작자의 경우, 사람이 수행해야 하는 작업의 부담을 확실히 줄여 주는 효과가 있어 실효성이 높을 수 있다.

그러나 고품질의 대규모 전문 창작물에 대해서는 아

직 기존의 프로세스를 완전히 대체할 만큼의 효과가 확보되지 않았다. 이러한 이유로 고품질 전문 콘텐츠 제작에 인공지능 기술을 활용하기 위해 파이프라인을 교체하고 창작 과정을 변화시키려는 노력의 성과에 대해서는 여전히 회의적인 시각이 존재한다.

결국, 인공지능 기술이 콘텐츠 제작에 기여할 수 있는 영역과 한계를 분명히 인식하는 것이 중요하다. 단순하고 짧은 콘텐츠의 경우에는 유용성을 충분히 발휘할 수 있는 반면, 깊이 있는 전문 콘텐츠 제작에서는 더 많은 고민과 발전이 필요함을 알 수 있다. 우리에게 익숙한 전통적인 콘텐츠 산업 전반을 인공지능 기술이 완전히 바꾸어 가기에는 꽤 오랜 시간과 복잡한 과정이 필요할 수 있다. 인공지능 기술의 영향이 콘텐츠의 규모와 특성에 따라 차별적으로 나타날 수 있는 것이다.

인공지능이 가져올 '판'의 변화에 주목하기

여러 고민에도 불구하고, 콘텐츠 산업 측면에서 인공지능 활용을 고려해야 하는 이유는 인공지능의 활용이 과거 디지털 전환과 비교할 만큼 큰 변화를 가져올 수 있기 때문이다.

사실 디지털 전환은 거의 20년 가까이 지속된 매우 긴 과정으로, 2020년대를 맞이한 지금의 시점에도 여전히 진행 중이다. 우리가 온라인으로 동영상을 시청하고 이 동영상들이 디지털 콘텐츠로 분해되어 여러 형태로 유기적으로 연결되며 소비되는 방식 자체가 디지털 전환의 결과라고 할 수 있다.

이때 주목해야 할 점은 디지털 전환이 콘텐츠와 데이터의 존재 방식에도 영향을 미쳤다는 것이다. 예를 들어, HTML(Hyper Text Markup Language)과 같은 하이퍼텍스트 기술은 선형적으로 텍스트를 읽는 방식이 아닌, 점프와 링크를 활용한 새로운 콘텐츠 소비문화의 발전과 긴밀한 관계를 맺는다.

인공지능 기술도 디지털 전환 시기에 하이퍼텍스트가 '텍스트'의 존재 양식을 바꾼 것처럼, 콘텐츠가 데이터로 세분화되어 학습되고 결과물을 생성하는 과정을 통해 데이터의 존재 방식을 재구성하고 있다. 콘텐츠의 세부적인 구성 요소들은 프롬프트의 형태로 분석되고, 다양한 학습 모델들을 적절한 비율로 조합한 결과로 다시 인식될 수 있다. 이용자의 개입에 의해 보다 유연하게 변화할 수 있는 형태로 콘텐츠가 설계될 수 있으며, 이용자와의 상호 작용을 통해 기존보다 더 유동적인 형태로 콘텐츠의 존재 양식이 변화할 수 있다.

또한 어떤 콘텐츠를 다른 형식으로 변경하는 것이 용이해짐에 따라 하나의 원본 콘텐츠가 다양한 형태로 활용될 가능성 역시 크게 증가하고 있다. 콘텐츠 IP(지식재산권)의 활용 측면에서는, 콘텐츠의 장르 확장이 보다 쉽게 이루어질 수 있는 환경이 마련되는 것이라 할 수 있다. 이는 콘텐츠 장르와 분야별 시장의 구분이 약화되고, 보다 융합적인 경쟁 환경으로 산업의 지형이 변화하는 동력이 될 수 있다.

즉, 인공지능의 발전은 우리가 알고 있는 데이터의 구조와 활용 방식, 그리고 콘텐츠의 존재 양식, 비즈니스 전략과 시장의 경쟁 환경 등에 혁신적인 변화를 가져오고 있다. 인공지능 기술의 발전은 콘텐츠 기업과 콘텐츠 산업의 관점에서 우리의 작업 방식을 변화시킬 것이며, 콘텐츠의 결과물과 콘텐츠를 활용하는 방식을 전체적으로 바꿀 것이다.

이러한 변화에 대응하기 위해선, 인공지능을 개별적인 활용과 효율성의 관점으로만 접근하는 태도를 넘어설 필요가 있다. 물론 구체적인 기술의 활용을 통해 제작 프로세스를 효율화하고, 비용을 절감하며, 콘텐츠 생산과 유통을 확장하는 등의 노력이 필요하지 않은 것은 아니다. 그러나 기술의 변화 속도가 매우 빠른 시점에는 이러한 개별적인 대응이 새로운 기술과 절차로 대체될 우려 역시 높은 것이 사실이다. 기술적 숙련 및 적응과 더불어서, 이러한 변화의 흐름이 의미하는 바에 대해 숙고할 필요가 있는 것이다.

지금 쓰고 있는 인공지능 도구들이 10년 뒤에도 여전히 쓰일 것인지는 아직 확신하기 어렵다. 그러나 지금의 도구들을 활용해서 콘텐츠 창작과 제작을 시도하는 과정에서 도출된 새로운 프로세스들은 어떤 형태로든 이후의 산업에 영향력을 발휘할 것이다. 인공지능 기술을 통해 콘텐츠 유통과 소비의 지리적 범위도 지속적으로 확장될 것이다. 콘텐츠 자체도 모두에게 균질적인 형태로 전달되기보다, 각자의 상황에 맞게 시간, 형식 등이 재구성될 가능성 역시 점차 높아지고 있다.

변화를 읽기 위해 중요한 건 속도와 방향이다. 상대적으로 예측이 용이한 것은 방향이다. 속도는 우리의 적응과 대응 방식, 전략을 고민하는 핵심 요소다. 새로운 기술이 열어 줄 가능성과, 현재의 주요 인공지능 서비스를 통해 확인할 수 있는 변화의 단초들로 방향을 읽어야 한다. 그리고 실질적인 대응의 수준을 고민하기 위해 변화의 속도를 파악해야 한다. 이 책을 통해서 인공지능으로 인해 열릴 새로운 콘텐츠 산업 판의 특성, 즉 방향을 함께 고민하고, 이를 통해 이후에 다양한 경로에서 접할 정보들로 변화의 속도를 파악할 수 있는 계기가 될 수 있길 바란다.

참고문헌

Frey, C. B. & Osborne, M.(2013). *The Future of Employment: How susceptible are jobs to computerisation?*. Oxford Martin University Press.

World Economic Forum.(2016). The Future of Jobs. https://www.weforum.org/publications/the-future-of-jobs-2016/

02
콘텐츠 산업의 특징과 인공지능 기술

콘텐츠 산업은 영화, 방송, 출판, 게임 등과 같은 콘텐츠를 생산하고 유통하는 기업들로 구성되며, 이러한 기업들은 대규모 대기업부터 소규모 개인 창작자까지 다양한 형태로 존재한다. 기업의 영세성, 흥행 리스크, 글로벌 시장 진출의 한계 등은 콘텐츠 산업이 해결해야 할 대표적 과제들이다. 콘텐츠 기업들은 인공지능을 활용하여 제작 및 유통 과정의 효율성을 높이고, 운영 비용을 절감하는 방식으로 기존의 한계들을 개선해 나갈 수 있다.

AI와 MBTI?

콘텐츠 산업이란?

먼저 콘텐츠 산업이 어떤 산업인지를 정리하고 가야 해당 산업에 미치는 인공지능의 영향을 더 잘 이해할 수 있을 것이다. 콘텐츠 기업에는 대형 기업도 있지만 상당히 많은 소규모 기업이 존재하며, 생태계 구성에서도 다양한 특징들이 있다.

콘텐츠 산업을 정의하는 방법 중 하나는 「문화산업진흥기본법」과 「콘텐츠산업진흥법」과 같은 기존의 법적 정의를 참고하는 것이다. 「문화산업진흥기본법」에서는 '콘텐츠'를 부호 · 문자 · 도형 · 색채 · 음성 · 음향 · 이미지 및 영상 등(이들의 복합체를 포함한다)의 자료 또는 정보로 정의하되, 문화적 요소가 내재된 콘텐츠를 '문화 콘텐츠'로 정의하고 있다. 「콘텐츠산업진흥법」은 '콘텐츠 산업'을 경제적 부가 가치를 창출하는 콘텐츠 또는 이를 제공하는 서비스의 제작 · 유통 · 이용 등과 관련한 산업으로 정의한다. 「문화산업진흥기본법」에서는 '문화 산업'도 정의하고 있는데, 여기에는 영화, 방송, 출판, 만화, 애니메이션, 게임과 같은 문화 콘텐츠들이 포함된다.

이를 정리하면, 콘텐츠 산업은 영화, 방송, 출판, 만화, 애니메이션, 게임과 같은 문화 콘텐츠를 중심으로 하는 문화 산업이라고 이해할 수 있다. 다만 디지털 융합이 확대되면서, 이러한 산업 간의 구분은 약화되고 있다. 특히 인공지능 기술의 맥락에서는 영상, 텍스트, 스토리라는 모댈리티(Modality)를 중심으로 보다 융합적으로 콘텐츠 산업을 이해하고 접근하는 것이 더 유용할 수 있다.

콘텐츠 산업의 특징

콘텐츠 산업은 무엇보다도 지식 산업이라는 점이 중요한 특징이라고 할 수 있다. 콘텐츠 산업의 주요 부가 가치는 궁극적으로 창작자가 만들어 내는 것이므로, '창작자'는 이 산업에서 매우 중요한 역할을 담당한다. 따라서 이 산업에 투입되는 자원 역시 인적 자원의 성격이 강하다는 점을 강조할 수 있다.

이는 콘텐츠 제작에 필요한 자원이 대체로 무형 자원이라는 특징과도 연결된다. 무형 자원이 많다는 것은 실제로 금융 지원 측면, 즉 대출을 받거나 자금을 확보하는 데 기존의 물적 설비가 필요한 산업들과는 달리 물적 토대가 상당히 취약하다는 것을 의미한다. 이는 콘텐츠 산업의 특성상 창작자와 같은 인적 자원이 가진 가치와 그 활용 가능성을 더욱 부각하는 요소로 작용할 수 있다.

콘텐츠 산업은 정보 산업이라는 측면에서 콘텐츠가 성공적으로 흥행할 경우 큰 성과를 이룰 수 있지만, 그에 따른 리스크도 존재하는 특징이 있다. 정보재로서의 콘텐츠는 사람들이 이용한 뒤에야 성과와 만족을 확인할 수 있기 때문에 항상 흥행 리스크가 따른다. 이로 인해 콘텐츠 산업은 흥행 리스크에 대한 체계적인 대응 방안을 고민할 수밖에 없으며, 이는 기업 운영에 제약 요소로 작용하게 된다. 이러한 한계에도 불구하고 작은 기업이 도약과 성장의 기회를 만날 수 있다는 점도 중요하다. 작은 기업들은 창의적이고 독창적인 콘텐츠를 제공함으로써 시장에서 경쟁력을 발휘할 수 있다. 이러한 다양성이 콘텐츠 산업을 더욱 풍요롭게 만드는 요소로 작용한다.

또 다른 중요한 특징 중 하나는 고용의 성격에 있다. 콘텐츠 산업의 많은 분야가 프리랜서 노동을 통해 이루어지고 있다는 점을 콘텐츠 산업의 특징으로 이야기한다. 물론 예외가 되는 기업들도 있다. 방송 산업과 게임 산업의 경우, 기술적 전문성이 요구되는 엔지니어 직군을 중심으로 정규직 형태의 직접 고용이 주를 이룬다(권태일 외, 2023). 반면 출판이나 방송 콘텐츠 제작 분야에서는 프리랜서의 비중이 매우 높게 나타난다. 특히 작가, 배우, 연출자 등 창작 직군에서 프리랜서 활용이 두드러진다.

작업 방식 측면에서도 콘텐츠 산업의 독특한 특성이

드러난다. 콘텐츠 산업에서는 프로젝트 단위의 작업 방식이 보편화되어 있다. 콘텐츠 단위마다 프로젝트가 구성되어서 다양한 창작자들이 단기간 집중해서 콘텐츠를 만들고 다시 해산하는 방식이다.

콘텐츠 기업의 문제

콘텐츠 기업의 운영 방식은 이러한 특징을 지니고 있어 몇 가지 한계점이 존재한다. 굉장히 소수의 대형 기업이 존재하는 반면, 다수의 기업은 여전히 영세한 상태에 머물러 있는 것이 큰 고민 중 하나다. 결국 이는 성장과 확장을 위해 자원을 확보한 기업들이 많지 않을 가능성과 연결된다. 이러한 구조는 콘텐츠 산업의 발전에 제약을 가하는 요소로 작용할 수 있다.

사실 이러한 요소들은 한국 콘텐츠의 한계와 관련이 있다. 현재 한류를 통해 한국 콘텐츠가 전 세계적으로 사랑받고 있으나, 한류의 기회를 얻는 기업의 수는 제한적이다. 많은 콘텐츠 기업이 여전히 국내 시장을 중심으로 활동하고 있어 시장이 다소 제한적이라는 점을 부인할 수 없다. 한글이 가진 언어적 한계는 여전히 시장 규모에 영향을 미친다. 이는 한국 콘텐츠 산업의 전반적인 성장에 제약 요소로 작용할 수 있다. 이러한 맥락에서 인공지능이 가져올 수 있는 가능성에 대한 기대를 찾을 수 있다. 인공지능 기술은 콘텐츠의 확산과 그 접근성을 한층 향상시키는 데 기여할 수 있으며, 이는 새로운 시장 창출로 이어질 잠재력을 지닌다.

인공지능 기술이 언어의 문제 및 현지화의 과제를 해결할 경우, 좁은 내수 시장의 한계를 극복하고 성장할 수 있는 기회가 열릴 것이다. 글로벌 시장의 문제는 앞서 언급한 기업 규모와도 관련이 깊다. 기존에는 글로벌 진출을 위한 자원을 확보할 수 있는 기업이 그리 많지 않았기 때문이다. 인공지능 기술의 활용은 보다 다양한 규모의 콘텐츠 기업들이 글로벌로 확장할 수 있는 기반을 마련해 줄 수 있다. 이는 기존의 문제, 즉 자원의 한계로 글로벌 진출에 어려움을 겪었던 기업들에 새로운 해결책을 제시할 수 있을 것이다.

인공지능 기술은 무엇을 도와줄 수 있을까?

인공지능 기술이 콘텐츠 기업을 지원할 수 있는 측면은 여러 가지가 있다. 특히 비용 효율화 측면에서 인공지능의 도입은 주목할 만한 변화를 이끌어 낼 수 있다. 콘텐츠 기업들은 인공지능을 활용하여 제작 및 유통 과정의 효율성을 높이고, 운영 비용을 절감할 수 있다. 예를 들어, LG

유플러스는 광고 제작에 생성형 인공지능을 활용하여 기존 대비 제작 비용을 1/4로, 제작 시간은 1/3까지 줄이는 성과를 거둔 바 있다(한영주, 2023). 스포츠 중계 분야에서는 인공지능 카메라 도입을 통해 제작비를 기존의 90%까지 절감할 수 있을 것이라는 분석이 나온다(변인호, 2024).

또한 인공지능은 콘텐츠 제작 과정에서 반복적이고 시간 소모적인 작업들을 자동화함으로써 효율성을 크게 향상시킨다. 예를 들어, 텍스트 변환, 얼굴 인식, 감정 분석, 장소 인식과 같은 작업을 자동화할 수 있다. 이는 소규모 콘텐츠 기업들도 제한된 인력으로 경쟁력 있는 콘텐츠를 제작할 수 있는 가능성을 열어 준다. 단순히 비용 절감을 넘어 콘텐츠의 질적 향상으로 연결될 수 있는 것이다.

콘텐츠 산업에서 무엇보다 중요한 것은 새로운 창의적 인재의 참여다. 유튜브를 통한 1인 미디어 콘텐츠는 많은 개인 창작자들이 활동할 수 있는 토대를 마련하고 있으며, 웹 소설과 웹툰 등의 분야에서도 개인 창작자들이 성장하면서 콘텐츠의 다양성을 높이고 시장을 변화시키고 있다. 그러나 드라마, 애니메이션, 게임 등 특정 분야에서는 아직 개인 창작자의 영향력이 제한적인 상황이다. 만약 인공지능 기술을 활용해 인건비와 노동 자원을 줄이고 효율성을 높인다면, 더 다양한 창작자들이 시장에 진입할 기회를 늘려 나갈 수 있다. 더 다양한 아이디어와 스타일을 가진 창작자들이 시장에 진입할 수 있다면, 콘텐츠 산업에서 보다 역동적인 성장의 기회가 열릴 수 있을 것이다.

콘텐츠 산업에서는 기획 단계에 들어가는 노동과 어려움, 비용이 시장에서 충분히 인정받지 못한다는 점이 문제로 지적되곤 한다. 콘텐츠 기업의 기획 단계는 전통 산업의 R&D와 성격이 달라서, 세금 감면 등의 혜택에서도 오랫동안 손해를 보아 온 것이 이러한 문제와 연결된다. 지금까지 콘텐츠 기획 단계의 비용은 일종의 매몰 비용으로 간주되어 왔으나, 인공지능 기술이 이 비용을 줄여 줄 수 있다면 기업 측면에서는 더 효율적인 방식으로 콘텐츠를 제작할 수 있을 것이다. 또한 인공지능이 다양한 소비자의 요구와 흥미를 데이터 기반으로 분석할 수 있다면, 더욱 타기팅된 콘텐츠 기획을 추진할 수도 있다.

인공지능 기술은 콘텐츠 제작 과정 자체에도 변화를 가져올 것이다. 다양한 방식의 시각화 전략을 손쉽게 생성해서 비교하고, 인공지능을 통해 생산한 재료(Asset)를 조합해 콘텐츠의 초안을 작성하며, 콘텐츠의 스타일을 빠르게 변경할 수 있다. 인공지능과 협업을 통해 다양한 가능성을 탐색하고, 사람과의 협업을 위한 제작 방향을 시각화해서 공유하며, 제작 과정에 필요한 다양한 요소들 중 많은 부분을 생성하는 방식도 늘어날 것이다.

번역을 용이하게 함으로써 글로벌 시장으로 유통을 확대할 가능성이 높아진다는 점도 중요한 직접적인 기대 효과 중 하나다. 이전에 언어 장벽은 콘텐츠의 글로벌 유통을 방해하는 주요 요소 중 하나로 여겨졌지만, 인공지능 기반 번역 프로그램의 등장으로 인해 다양한 언어로의 번역이 용이해지면서 콘텐츠 제작자들은 더 넓은 시장에 접근할 수 있게 되었다.

이렇게 인공지능의 발전은 다양한 측면에서 콘텐츠 창작자와 제작자에게 새로운 도구와 기회를 제공할 것이다. 다만, 인공지능 기술의 실제 적용 과정에는 여러 도전 과제가 존재한다. 콘텐츠 제작 현장에서 인공지능 기술이 실질적으로 활용되기 위해서는 기존 기술 대비 확실한 편익과 이익 창출이 필요하다(권구민 · 김현석, 2023). 신뢰성의 확보나 새로운 지식과 경험의 축적, 관련 전문가와의 협업 등의 노력도 필요하다. 중요한 것은 이러한 기술을 어떻게 효과적으로 활용하여 콘텐츠의 품질을 높이고, 동시에 발생할 수 있는 문제들을 최소화할 것인가에 대한 고민일 것이다.

참고문헌

권구민 · 김현석(2023). 콘텐츠산업의 생성형 AI 활용 이슈와 대응 과제. KOCCA FOCUS, 통권 150호, 한국콘텐츠진흥원, https://welcon.kocca.kr/ko/info/trend/1953098

권태일 외(2023). 『문화관광콘텐츠 산업의 노동시장 변화 분석 연구』. 한국문화관광연구원.

변인호(2024.10.6). 콘텐츠 업계 부는 AI 러브콜 바람 … '제작비 절감'은 기대, 일자리는?. ≪IT조선≫, https://it.chosun.com/news/articleView.html?idxno=2023092124245

한영주(2023.9.8). 미디어 콘텐츠의 제작 효율성을 위한 AI 기술의 활용과 가치. ≪방송과 기술≫, http://tech.kobeta.com/%EB%AF%B8%EB%94%94%EC%96%B4-%EC%BD%98%ED%85%90%EC%B8%A0%EC%9D%98-%EC%A0%9C%EC%9E%91-%ED%9A%A8%EC%9C%A8%EC%84%B1%EC%9D%84-%EC%9C%84%ED%95%9C-ai-%EA%B8%B0%EC%88%A0%EC%9D%98-%ED%99%9C%EC%9A%A9%EA%B3%BC/

03
인공지능과 콘텐츠 기획

인공지능은 콘텐츠 기획 단계에서 소통의 비용을 줄이고, 실시간 피드백과 아이디어 확장 등의 역할을 할 수 있다. 더불어 풍부한 정보의 탐색, 빠른 시각화와 스타일의 전환, 대화의 촉진 등을 통해 새로운 콘텐츠 기획을 가능하게 한다. 여러 가능성을 빠르게 탐색하고, 인간과는 다른 패턴의 사고를 촉진하는 방식으로 인공지능은 더 창의적인 콘텐츠를 생산하는 데 기여할 수 있을 것이다.

AI와 난임 극복?

콘텐츠 기획에서 인공지능이 필요한 이유

콘텐츠 기획 단계에서 인공지능은 어떤 도움을 줄 수 있을까? 콘텐츠를 만드는 과정에서 다양한 규모의 사람들이 참여할 수 있으며, 인공지능은 개인 창작의 상황은 물론 다수의 인력이 협업하는 과정에서도 유의미한 기여를 할 수 있다.

먼저 콘텐츠를 혼자 기획하는 상황을 상상해 보자. 가장 먼저 떠올릴 수 있는 문제는 바로 외로움이다. 개인 창작자는 자신이 창작한 결과물이 과연 많은 사람들의 마음을 사로잡을 수 있을지에 대해 확신을 얻기 어렵다. 이 때문에 콘텐츠 기획 과정에서 다양한 피드백을 필요로 한다. 자신의 작업에 대해 객관적으로 평가받고, 다양한 사람과 대화를 나누고 확인하는 과정을 통해 시야를 넓히고 개선점을 찾는 기회가 필요하다.

인공지능은 바로 이러한 부분에서 개인 창작자의 기획 작업에 도움을 줄 수 있다. 인공지능을 통해 다양한 아이디어를 단기간에 폭넓게 검토하고, 콘텐츠의 개선 요소에 대해 질문하고 피드백을 받을 수 있다. 다양한 자료와 가능성을 탐색할 수 있는 기회를 제공하는 생성형 인공지능은 개인 창작자 입장에서 유의미한 조력자가 되어 줄 수 있다.

콘텐츠의 기획 과정에 여러 명이 참여하는 집단 창작의 상황도 생각해 보자. 많은 콘텐츠가 사람들의 의견을 모으고 개개인의 장점을 활용하여 만들어지는 과정을 거친다. 음악가, 영상 제작자, 텍스트 작성자 등 다양한 사람들이 협력하게 되는 것이다. 이러한 협업 과정에서 콘텐츠를 기획하는 동안, 각 참가자가 지니고 있는 다양한 방향성을 신속하게 공유하고 확인하는 것이 매우 중요하다. 이를 통해 협업의 효과성을 높이고 전체적인 프로젝트의 방향성을 명확히 할 수 있다.

인공지능의 중요한 역할 중 하나는 바로 이러한 중간 단계를 손쉽고 빠르게 미리 확인하도록 해 준다는 점이다. 예를 들어서 인공지능 기반의 녹취 서비스들은 회의 이후 누군가 회의록을 정리해야 하는 과정 없이 빠르게 결과물을 확인할 수 있게 하고, 그 내용을 기반으로 다음 단계의 기획들을 할 수 있게 해 준다. 이를 통해 회의 참여자들은 메모에 신경 쓰지 않고 토론에 더욱 집중할 수 있으며, 실시간으로 자동 생성되는 회의록을 통해 논의 내용을 즉각적으로 확인하고 공유할 수 있게 된다.

이러한 방식으로 인공지능은 콘텐츠 기획의 시간을 줄여 주고, 생각의 차이를 줄이는 데 기여할 수 있다. 인공지능은 단순 작업의 자동화를 통한 시간 절약, 의사소통의 명확성 제고, 후속 기획을 위한 체계적인 자료 정리 등에 활용돼 협업의 효율을 높임으로써 콘텐츠 기획 단계의 효과성을 끌어올릴 수 있다.

무엇보다 인공지능은 기획 단계에서의 불확실성을 줄이고 다양한 스타일을 효율적으로 테스트할 수 있는 가능성을 열어 준다. 과거에는 콘텐츠 제작을 위한 시안 등을 만들고 공유하기 위해 많은 비용과 시간을 사용해야 했다. 인공지능은 이러한 비용과 시간을 절약해 준다. 콘텐츠 제작자들은 인공지능을 활용하여 다양한 버전의 콘텐츠를 신속하게 생성하고 테스트할 수 있게 되었다.

인공지능을 통한 비용과 시간의 획기적인 절감은 더 많은 실험과 시도를 가능하게 하며, 이는 결과적으로 더 나은 콘텐츠 제작으로 이어질 수 있다. 콘텐츠 기획 단계는 굉장히 불확실성이 높다. 인공지능은 이러한 기획 단계에서의 불확실성을 효과적으로 관리할 수 있는 도구인 것이다.

또한 인공지능은 과거 창작자 개인의 경험과 직관에 의존하던 기획 방식에서 벗어나 더욱 다양하고 풍부한 가능성을 탐색할 수 있는 도구가 되어 준다. 전통적인 콘텐츠 기획 방식은 창작자의 개인적 경험과 익숙한 방법론에 크게 의존해 왔으며, 이는 기획의 다양성과 창의성에 일정한 한계로 작용할 수 있다. 인공지능은 이러한 한계를 극복할 수 있는 새로운 가능성을 제시한다. 챗GPT(Chat GPT)와 같은 도구는 콘텐츠의 주제에 대한 다양한 접근 방식을 제안하고, 기존에 시도되지 않았던 새로운 관점들을 발굴하는 데 도움을 줄 수 있다. 인공지능의 가장 큰 장점 중 하나는 지치지 않고 다양한 제안을 계속해서 생성할 수 있다는 점이다. 인간의 상상력이 일정 시점에서 한계에 부딪힐 수 있는 반면, 인공지능은 데이터를 기반으로 끊임없이 새로운 조합과 아이디어를 제시할 수 있다(박민아, 2024). 이는 창작자가 단기간에 더 많은 가능성을 탐색하고 검토할 수 있게 해 준다.

콘텐츠 기획에서 활용하는 인공지능

콘텐츠 기획을 위해선 어떤 인공지능들을 활용할 수 있을까? 기획 단계에서 진행되는 작업은 크게 두 가지로 나눠 살펴볼 수 있다.

먼저 자료 조사 단계가 있다. 자료 조사를 할 때 우리는 대개 검색이라는 방법을 많이 쓴다. 인공지능은 기본적으로 이 검색 과정을 굉장히 효과적으로 진행할 수 있게 해 준다. 다양한 결과물을 탐색하고 출처도 확인해 주며, 여러 지식들을 모아서 우리에게 제시해 준다.

또 스타일 전환이나 시각화 부분에서도 많은 기여를 할 수 있다. 예를 들어 하나의 콘텐츠를 기획한다고 했을 때 제목과 제목에 맞는 포스터, 키 이미지를 만들고 그것들이 과연 우리가 만들고자 하는 콘텐츠의 방향과 맞는지를 함께 이야기하고 다시 다른 방향으로 시도해 보게 되는데, 인공지능을 통하면 이러한 일들을 매우 빠른 시간에 수행할 수 있다. 과거에는 아주 많은 사람이 오랜 시간을 들여야 했던 기획의 과정들을 굉장히 효과적으로 비용과 인원을 줄여서 진행할 수 있게 해 주는 것이다.

'챗' 인공지능이기에 가능한 변화

기획 단계에서 중요한 부분 중 하나는 인공지능이 대화형으로 구성된 경우가 많다는 점이다. 우리가 계속해서 인공지능과 대화를 할 수 있다는 점은 기획 단계에서 인공지능을 활용하는 중요한 전략 요소가 된다. 사실 많은 경우에 우리가 아이디어를 떠올리기 위해서는 대화가 필요하다. 무엇이 맞는지 틀리는지에 대해 계속해서 말을 꺼내고 대화를 주고받다 보면 우리 머릿속에 새로운 영감들이 떠오를 수 있다. 인공지능은 지치지 않고 우리와 대화해 줄 수 있는 중요한 파트너가 될 수 있다.

물론 인공지능에게 이 모든 걸 맡길 수는 없다. 인공지능은 때로 틀린 이야기를 하기도 하고, 우리가 원하는 답을 주지 않기도 한다. 인공지능을 답을 하는 장치로 생각하기보다는, 우리가 계속해서 질문할 수 있는 대상, 답은 틀리더라도 인공지능이 뱉어 내는 답들을 통해 우리가 계속해서 새로운 상상을 이어 갈 수 있게 하는 자원으로 잘 이용한다면, 인공지능은 분명히 기획 단계에서 긴요하게 활용할 수 있는 기술이 될 것이다.

기획 단계 활용에서 주의할 점

인공지능은 많은 경우, 완벽한 대체재가 아닌 보완적 도구로서의 역할을 더 잘 수행한다. 인공지능이 데이터를 기반으로 한 학습에 의존하는 한, 진정한 의미의 창의적 돌파구를 만들어 내는 것은 제한적일 수밖에 없다. 인공지능은 창작자를 대체하는 것이 아니라, 반복적인 작업을 단순화하고 작업을 가속화하여 창작자의 창의적 잠재력을 최대한 발휘할 수 있도록 돕는 역할을 한다.

이 지점에서 창의성이 무엇인지 다시 한번 생각해 볼 필요가 있다. 창의성은 결국 완벽하게 새로운 것을 만들어 내기보다는 기존에 있던 것들의 조합을 새롭게 하는 데에서 비롯된다. 이러한 관점에서 인공지능은 우리가 상상하지 못했던 여러 조합을 테스트할 수 있는 강점을 지니고 있다. 기획 과정에서 인공지능의 이러한 특성을 적극적으로 활용할 수 있으며, 이는 기존의 아이디어에 새로운 변화를 불러일으킬 수 있다. 인공지능은 이 과정에서 없던 조합을 제시함으로써 우리의 창의성을 더욱 풍부하게 할 수 있는 기회를 제공하는 것이다.

인공지능이 학습한 데이터의 한계는 곧 인공지능이 바라보는 세상의 한계라고 할 수 있다. 인공지능의 창작 과정은 본질적으로 기존 데이터의 학습과 패턴 인식에 기반한다. 머신러닝(machine learning)을 통해 방대한 데이터를 분석하고 통계적 패턴을 찾아낸 후, 이를 바탕으로 결과물을 생성하는 것이다. 인공지능은 주어진 데이터 내에서 최적의 조합을 찾아내는 데는 뛰어나지만, 기존 패턴을 완전히 벗어난 사고나 전혀 새로운 맥락의 창조는 불가능하다.

이러한 인공지능의 한계는 역설적으로 새로운 창작의 방향을 제시한다. 인공지능이 도출한 결과물의 정반대 지점을 탐색함으로써, 우리는 기존의 패턴과 완전히 다른 창작의 가능성을 발견할 수 있다. 인공지능이 학습하지 못한 현실의 복잡성과 모순, 예측 불가능성 등은 오히려 새로운 창작의 원천이 될 수 있다. 계획된 대로 풀리지 않는 미지수와 변수들의 역동적인 상호 작용 속에서, 예측 불허의 불확실한 세계를 매일 다르게 구성해 나가는 것이 인간만의 고유한 능력이다(유영만, 2024). 따라서 인공지능이 만들어 내는 결과물과는 정반대로, 우발적이고 예측 불가능한 경험의 영역에서 새로운 창작의 가능성을 발견할 수 있다. 우린 인공지능을 통해 데이터로 변환된 세상 위에서 새로운 조합을 시도하는 동시에, 학습된 데이터 바깥의 세상을 탐색하는 시도를 이어 나가야 한다.

모든 기술의 발전은, 창작물의 성격을 근본적으로 바꾸어 가는 역동적 과정이었다. 예를 들어 사진이라는 기술이 도입되면서 그림은 현실의 재현을 넘어서 창작자의 관점을 표현하는 것에 중점을 두는 예술로 진화했다. 사람들은 언제나 기계를 통해 양산되는, 흔해진 것들과는 다른 희소한 면을 찾아서 더 큰 가치를 부여한다. 이와 유사하게, 인공지능이 현재 잘 수행하고 있는 부분과는 다른 요소들로 콘텐츠에 대한 사람들의 관심과 평가가 이동할 수도 있다. 이러한 콘텐츠의 근본적인 변화를 염두에 두면서, 콘텐츠 기획 단계에서 인공지능을 전략적으로 활용하며 새로운 콘텐츠를 만들어 나가는 방향을 앞으로도 지속적으로 탐색해 가야 할 것이다.

참고문헌

박민아(2024.2.2). 생성 AI는 콘텐츠 프로덕션을 어떻게 바꿀 것인가?. COMPANOID LABS, https://www.companoid.io/post/how-to-change-the-production-way-for-contents-through-generative-ai

유영만(2024.9.15). 궁지에서 경지로 가는 인간학습을 능가할 수 없는 AI. 브런치스토리, https://brunch.co.kr/@kecologist/537

04
인공지능과 콘텐츠 제작

인공지능은 창작자의 역량을 대체하는 것이 아닌, 확장하는 도구다. 생성형 인공지능은 창작의 민주화를 이끌어 내는 동시에, 전문 창작자들의 작업 영역을 확장시키는 이중적 역할을 수행한다. 콘텐츠의 품질에 대한 요구 수준이 높아지면 높아질수록 이를 유지하고 관리하기 위한 사람의 노력은 필수적이다. 인공지능이 다양한 가능성을 제시하고 제작 과정의 효율성을 높여 주지만, 이를 의미 있는 하나의 작품으로 통합하는 것은 인간의 몫이다.

AI와 사주?

생성형 인공지능이 가져다준 기대

콘텐츠 제작 과정은 수많은 노동 단계로 구성되어 있다. 그림을 그리거나 음악을 만드는 것은 물론, 기획 단계와 실현, 채색 등의 여러 과정이 필요하다. 이러한 작업 중에는 종종 반복적인 과정이 포함되기도 한다. 반복 작업을 효과적으로 해결하여 우리의 아이디어를 외부로 구현할 수 있다면, 창작자들은 제작 과정에 대한 부담을 덜 수 있을 것이다. 생성형 인공지능 기술에 품었던 기대 중 하나는, 바로 이러한 콘텐츠 제작 과정을 기계에 실질적으로 맡길 수 있을 거란 가능성이었다.

아직 생성형 인공지능의 현실은 그렇게 완벽하지 않다. 인공지능이 만들어 낸 산출물을 최종적인 결과물로 쓰기에는 여전히 몇 가지 한계가 있다. 물론 이러한 부분들은 원하는 수준에 따라 달라질 수 있다. 배경 음악과 같이 제한적으로 활용되는 자원에 대해서는 인공지능이 생성한 결과물을 활용하여 부분적으로 채워 줄 수 있다. 반면 사람들을 진정으로 감동시킬 수 있는 완벽한 음악을 만드는 것은 여전히 인간의 역할로 남아 있다.

그럼에도 불구하고 생성형 인공지능을 제작 과정에 활용하는 것은 콘텐츠 기업에 새로운 기회를 제공해 줄 수 있다. 특히 현대의 콘텐츠가 대부분 복합 저작물의 성격을 갖는다는 점에 주목할 필요가 있다. 하나의 콘텐츠를 완성하기 위해서는 영상, 음악, 이미지, 텍스트 등 다양한 요소들을 유기적으로 결합해야 한다.

문제는 대부분의 창작자들이 이 모든 영역에서 전문성을 갖추기 어렵다는 점이다. 이런 맥락에서 인공지능은 창작자의 약점을 보완해 주는 도구가 될 수 있다. 예를 들어 영상 제작자가 음악이나 그래픽 디자인에 전문성이 부족하더라도, 인공지능을 활용하여 기본적인 수준의 결과물을 만들어 낼 수 있다. 이는 보다 적은 인원이 적은 비용으로 콘텐츠를 만들 수 있게 해 준다. 과거에 외주를 주거나 협업을 해서 해결했던 영역들의 일부를 인공지능을 통해 수행할 수 있다.

이런 점에서 생성형 인공지능은 디지털 플랫폼 기술과 더불어 '탈규모의 경제'(Taneja & Kevin, 2018)로의 전환을 가속화할 수 있다. 보다 다양한 개인들이, 더 다양한 모댈리티(Modality)의 콘텐츠를 창작할 기회가 늘어나고, 이는 기존에 없던 새로운 관점과 시각을 가진 콘텐츠들의 창작으로 이어질 수 있다.

무엇보다 중요한 것은 인공지능이 창작자의 역량을 대체하는 것이 아닌, 확장하는 도구라는 점이다. 인공지능은 창작자가 자신의 핵심 역량에 더 집중할 수 있게 해 주는 동시에, 기존에는 시도하기 어려웠던 새로운 영역으로의 도전을 가능하게 만들어 준다. 이러한 관점에서 생성형 인공지능은 창작의 민주화를 이끌어 내는 동시에, 전문 창작자들의 작업 영역을 더욱 확장시키는 이중적 역할을 수행한다고 볼 수 있다.

콘텐츠 제작에서 활용하는 인공지능

인공지능 기술은 단순히 콘텐츠 제작 현장에서 사용되는 도구가 바뀌는 방식을 넘어서, 제작 과정 전체의 변화를 가져오고 있다. 특히 이미지 생성 분야에서 나타나는 기술의 발전은 창작의 과정 자체를 재구성한다.

캐릭터의 일관성을 유지하면서 다양한 표정과 동작을 생성하는 기술은 이미 실용적인 수준에 도달했다. 생성된 이미지의 시드(seed) 값을 고정한 상태에서 프롬프트(prompt)의 일부만을 변경하여 동일한 스타일과 특성을 가진 캐릭터의 다양한 모습을 생성하는 방식이 대표적이다. 미드저니(Midjourney)와 같은 도구들은 스타일 레퍼런스와 캐릭터 레퍼런스 기능을 통해 더욱 정교한 이미지 생성을 가능하게 해서, 캐릭터의 외모와 특징을 일관되게 새로운 이미지에 적용할 수 있게 해 준다.

인공지능은 특정 화풍을 학습하여 이미지를 변환하는

영역에서도 놀라운 발전을 보여 주고 있다. 딥포저(Deep Forger)와 같이 사용자가 제공한 사진을 특정 예술가의 화풍으로 변형하는 것은 이미 초기 생성형 인공지능에도 적용된 기능이었다. 이제는 로라(LoRA)와 같은 학습 모델들을 다양하게 활용해서 보다 세부적인 화풍을 적용할 수 있으며, 개인이 자신의 작품을 학습한 모델을 바탕으로 새로운 작품을 생성하는 것도 가능하다.

다양한 동작을 데이터화하여 특정 캐릭터의 요소를 생성하는 기술도 발전하고 있다. 컨트롤넷(ControlNet) 기술의 도입 등을 통해 이미지 생성에서 가장 어려웠던 포즈와 자세의 정교한 제어가 가능해졌다. 컨트롤넷은 스테이블 디퓨전(Stable Diffusion) 모델을 제어하기 위한 신경망 모델로, 입력된 이미지에서 자세 정보를 추출하여 제어 맵으로 변환한 후 텍스트 프롬프트와 결합시켜 원하는 포즈와 자세가 반영된 새로운 이미지를 생성할 수 있다. 이뿐만 아니라 텍스트나 스케치, 포즈 등 여러 형태의 입력을 통해 결과물을 정교하게 제어할 수 있으며, 이미지의 특정 부분을 고정한 채 나머지 부분만 변화시킬 수도 있다.

오픈AI(OpenAI)의 챗GPT-4o 이미지 생성(Chat GPT-4o Image Generation) 모델은 이미지 생성 기능을 텍

스트와 통합한 옴니모달(Omnimodal) 방식으로 주목을 받았다. 앞선 서비스들에서 이미지 생성과 수정을 위해 복잡한 과정이 필요했던 것과 비교할 때, 이 모델은 간단한 대화를 통해 이미지의 일관성을 유지하며 수정 작업을 할 수 있다.

이미지 생성 인공지능 분야는 계속해서 기존 기술의 단점을 개선한 모델과 서비스를 출시하고 있다. 이러한 기술의 발전은 제작 시간 단축을 넘어, 창작자가 더 다양한 시도를 할 수 있는 여건을 마련해 주고 있다.

음악 생성 기술도 매우 실용적인 수준에 도달하고 있다. 특히 1인 미디어 크리에이터들은 배경 음악의 저작권 때문에 다양한 음악을 활용하지 못하는 문제를 해결하기 위해, 인공지능으로 생성한 음악을 활용하기 시작했다. 또한 해외 진출을 고려할 때 음원의 저작권 문제로 많은 제약이 따르지만, 인공지능 음악 생성 기술을 활용하면 이러한 저작권 비용을 절감할 가능성이 있다. 인공지능 기술이 음악 생성에 기여함으로써 크리에이터들에게 더 많은 선택지를 제공하고, 저작권 문제를 효율적으로 해결할 기회를 열어 주는 것이다.

기존 오디오 북이 갖는 제작의 한계를 극복하고, 더 많은 책을 음성으로 접할 수 있게 만드는 인공지능 오디오 북 기술도 빠르게 발전하고 있다. 인공지능 오디오 북 제작 기술은 텍스트 음성 변환(TTS, Text to Speech) 기술을 기반으로 하며, 딥러닝(deep learning) 알고리즘을 통해 자연스러운 음성을 생성한다. 단순한 기계음이 아닌, 감정과 억양을 담은 자연스러운 목소리를 구현할 수 있으며, 특히 속도, 톤, 장단 등을 다양하게 조절할 수 있어 여성, 남성, 어린이 목소리 등 다양한 음성을 제공할 수 있게 된 것이다. 물론 인공지능 오디오 북에도 한계는 존재한다. 현재 인공지능은 전문 성우가 가진 감정 전달력과 섬세한 표현력을 완벽히 구현하지는 못한다.

인공지능 오디오 북의 가장 큰 장점은 제작 시간과 비용의 획기적인 절감이다. 기존에는 300페이지 분량의 책을 오디오 북으로 제작하는 데 한 달이 소요되었지만, 인공지능은 10분 만에 텍스트를 읽고 8~10시간 분량의 오디오 북을 제작할 수 있다(김예지, 2024). 이는 기존 오디오 북 제작 비용의 90% 이상을 절감할 수 있음을 의미한다.

인공지능 오디오 북은 시각 장애인이나 독서에 어려움을 겪는 이들에게 새로운 기회를 제공한다. 특히 시간과 비용의 제약으로 인해 오디오 북으로 제작되지 못했던 수많은 도서들을 음성화할 수 있는 가능성을 제시한다는 점에서 큰 의미가 있다.

동영상 분야의 생성형 인공지능 기술과 서비스의 발전도 빠르게 이루어지고 있다. 생성형 인공지능 기술은 짧은 클립 단위의 영상 제작 측면에서 주목받고 있다. 오픈AI의 소라(Sora)와 같은 서비스는 텍스트 입력만으로도 60초가량의 고품질 동영상을 생성할 수 있다. 이러한 기술은 특히 일관성 있는 고품질 동영상을 제공하는 데 중점을 두고 있으며, 공간 모델링을 통한 3D 시뮬레이션과 2D 시각화 기술을 활용하여 보다 정교한 결과물을 만들어 낸다(양지훈, 2024).

창작자들은 동영상 생성 인공지능을 활용한 제작 과정 노하우와 결과물을 공유하고 토론하며 적극적으로 제작 과정의 변화를 만들어 가고 있다. 소라, 런웨이(Runway), 클링(KLING) 등의 서비스를 통해 생성된 영상들이 특히 쇼트 폼 영상을 중심으로 다양한 플랫폼을 통해 공유되고 있으며, 창작자 커뮤니티에서는 모델과 제작 과정이 공유되고 토론되고 있다.

하지만 긴 영상 제작에서는 여전히 기술적 한계가 존재한다. 30초 이상의 긴 영상을 생성하는 데 기술적 한계가 분명하다. 이에 짧은 영상들을 효과적으로 연결하고 조합하는 방식으로 보다 긴 분량의 영상들을 만드는 시도가 이루어지고 있다. 다만, 상업적 영상으로서의 활용 가능성에 대해선 평이 엇갈린다. 2024년 12월 24일 개봉한 〈나야, 문희〉는 나문희 배우의 초상권을 활용해 생성형 인공지능으로 제작한 단편 다섯 편을 묶은 작품이다. 인공지능 배우가 등장한 세계 최초의 상업 영화로 주목을 받았지만, 완성도 측면에선 아쉬운 평을 받았다 (신정선, 2024).

이는 상업적인 콘텐츠 영역에서는 인공지능만을 활용해서 영상을 생성하기보다는, 콘텐츠의 제작 과정 중 세부적인 요소들에 인공지능의 적용이 이루어질 가능성을 생각하게 한다. 최종 결과물의 단계보다는 프리프로덕션(pre-production) 단계에서 시안 제작의 비용과 시간을 줄이는 과정, 그리고 로케이션 비용이 높은 분야에 대한 인공지능 기술의 적용, 시각 효과(VFX, Visual Effect) 등 포스트프로덕션(post-production) 단계에서 인공지능의 도움을 받는 편집이나 인공지능이 생성한 애셋(Asset)을 활용하는 등의 방식으로 콘텐츠 제작의 워크플로(workflow)에 변화가 나타날 수 있는 것이다(박민아, 2024).

제작에 활용한 사례들

보다 구체적으로, 생성형 인공지능을 활용한 콘텐츠 제작의 각 단계별 사례들을 웹툰, 영상, 음악 등의 분야에서 살펴보자.

먼저, 웹툰 분야에서는 인공지능과 인간 창작자의 협업을 통한 제작 효율화 시도가 활발하다. '젠버스(Genvas)'는 웹툰 제작을 의뢰한 작가의 그림체를 학습하여 캐릭터를 구축하고, 내부의 아트 디렉터가 인공지능과의 협업을 통해 웹툰을 제작하는 솔루션을 제공한다(김미정, 2024). 오노마AI는 시각적 요소의 약 70%, 스토리 초안의 약 50%를 인공지능을 통해 제작하고 나머지를 인간 창작자가 개입하는 방식의 웹툰 제작 사례를 선보이기도 했다(장세민, 2024).

기존 작가들의 화풍을 재현하려는 시도도 이루어지고 있다. 이현세 작가의 화풍을 학습시켜서 새로운 웹툰을 창작하는 'AI 이현세' 프로젝트가 대표적이다(김성휘, 2024). 일본에서는 〈우주소년 아톰(鉄腕アトム)〉과 〈블랙잭(ブラック・ジャック)〉 등의 작품으로 유명한 데즈카 오사무(手塚治虫)의 작품을 인공지능에 학습시켜서 제작한 '데즈카2023 프로젝트(TEZUKA2023 プロジェクト)'가 주목을 받았다(이용성, 2023). 데즈카 오사무의

대표작 〈블랙잭〉의 신작을 인공지능을 활용해서 연재하는 프로젝트로, 인공지능 기술을 새로운 캐릭터와 플롯 등의 창작에 활용하되 다수의 인력이 협업하는 방식으로 진행된 것이 특징이다. 인공지능을 통해 과거의 인기 IP(지식 재산권)를 새로운 시대에 맞게 재구성할 수 있는 가능성을 보여 주었다는 점에서 주목할 만한 시도다.

영상 분야에서 인공지능의 활용은 특히 광고 제작에서 두각을 나타내고 있다. LG유플러스는 자체 인공지능 '익시(ixi)'를 활용해 기존의 3차원 애니메이션 광고 대비 제작 비용을 40% 절감했고, 제작 기간도 70% 단축해서 광고를 제작했다(이정현, 2024). 서울우유는 인공지능 딥페이크(deepfake) 기술로 박은빈 배우의 다양한 연령대 모습을 구현한 광고를 선보였다(손엄지, 2024). 광고는 기본적으로 짧은 단위의 영상이자, 사람들의 단기적인 주목을 이끌어 내는 것에 목적을 두고 있다. 이런 점에서 인공지능이 만들어 낸 콘텐츠들을 활용한 다양하고 새로운 시도를 통해 주목을 끄는 전략이 유효할 수 있는 것이다.

생성형 인공지능을 활용한 자동화된 영상 편집 도구들도 다양하게 쓰이고 있다. 브루(Vrew)는 인공지능 기술을 활용하여 음성을 텍스트로 자동 변환하는 영상 편집 프로그램으로, 자동 자막 생성과 컷 편집, 무음 구간 삭제 등 다양한 기능을 제공한다. 브이메이커AI(Vmaker AI)는 긴 영상을 짧고 매력적인 클립으로 변환하고, 자막을 추가하며, 화면을 녹화하는 등 다양한 기능을 제공하는 인공지능 기반 도구다. 픽토리(Pictory)는 인공지능을 활용하여 블로그, 웨비나, 팟캐스트와 같은 긴 형식의 콘텐츠를 소셜 미디어용 하이라이트 영상으로 자동 변환해 주는 서비스를 제공한다. 필모라(Filmora)는 인공지능 기능을 통해 편집 시간을 단축시키고, 문장만 입력하면 영상으로 변환할 수 있는 기능을 제공하며, 인공지능 코파일럿 기능을 통해 영상에 어울리는 편집 스타일을 추천하고 필요한 애셋을 찾아 주는 서비스를 제공한다. 신시지아(Synthesia)는 웹캠이나 휴대폰으로 촬영한 영상을 인공지능 아바타로 변환하고, 130개 언어로 음성을 복제할 수 있는 인공지능 보이스오버(voiceover) 기술을 제공한다.

인공지능을 활용한 음악 제작은 특히 무료 음원 생성 분야에서 활발히 이루어지고 있다. 수노(Suno), 뮤버트(Mubert)와 같은 인공지능 음악 생성기는 사용자가 원하는 스타일과 분위기에 맞는 음악을 자동으로 생성해 준다. 이러한 도구들은 저작권 문제 없이 사용할 수 있는 로열티 프리 음원을 제공한다는 점에서 콘텐츠 제작자들에게 큰 도움이 되고 있다.

현대의 디지털 콘텐츠 제작은 다양한 모댈리티(Modality)의 재료들을 조합하는 과정이라 할 수 있다. 생성형 인공지능은 이러한 재료들을 사용자의 의도에 맞게 생성할 수 있는 새로운 가능성을 제시한다.

특히 주목할 만한 것은 이러한 인공지능 도구들이 점차 플랫폼화되고 있다는 점이다. 기존에도 수많은 프리랜서들이 플랫폼에 올라 있는 조각된 재료 콘텐츠들을 구매해서 새로운 콘텐츠를 만드는 형태의 제작 방식이 확산되고 있었다. 인공지능은 이러한 재료의 구매를 넘어서 인공지능 서비스를 통해서 재료를 생성하는 방식의 전환을 가능하게 한다. 창작자가 각자의 의도를 반영할 수 있는 다양한 맞춤형 재료들을 스스로 생성할 수 있는 기회가 열리고 있는 것이다.

인공지능 시대, 콘텐츠 제작에 대해 다시 고민하기

물론 이러한 재료와 콘텐츠의 요소들을 연결하고 재구성하는 것은 여전히 인간의 역할이다. 콘텐츠 제작은 본질적으로 수많은 요소 중에서 무엇을 선택하고 어떻게 조합할 것인가의 문제이며, 이러한 선택의 과정에서 인간의 직관과 판단은 여전히 핵심적인 역할을 한다. 콘텐츠의 품질에 대한 요구 수준이 높아지면 높아질수록 그것을 일관성 있게 유지하고 관리하기 위해서는 사람의 노력이 필수적으로 투입되어야 한다.

언제나 창작이란 행위는 이러한 선택의 과정이었다. 인공지능은 인간의 창의성을 더 자극하고 새로운 창작물을 만들 수 있는 기회를 넓히는 것일 뿐, 최종적 선택으로서의 창작이란 행위는 인간이 해야 한다. 따라서 '인공지능이 창작자가 되었다'라는 말이나 기대는 절반의 진실만을 담는다. 인공지능이 제공하는 다양한 가능성에도 불구하고, 최종적인 창작의 결정권은 여전히 인간에게 있는 것이다. 인공지능은 다양한 가능성을 제시하고 제작 과정의 효율성을 높여 주지만, 이러한 요소들을 의미 있는 하나의 작품으로 통합하는 것은 인간의 몫이다.

참고문헌

김미정(2024.5.14). 국내 100개 웹툰 제작팀, '젠버스'로 만화 그린다. ≪ZDNET Korea≫,
https://zdnet.co.kr/view/?no=20240514111504

김성휘(2024.2.11). "안 받아들이면 도태" … '칠순' 거장 이현세가

AI에 뛰어든 이유, ≪머니투데이≫,
https://news.mt.co.kr/mtview.php?no=2024021018433394374

김예지(2024.12.10). [SBA x IT동아] 신티아 "생성형 AI로 고품질 오디오북 대량생산 꿈꾼다". 동아닷컴,
https://www.donga.com/news/It/article/all/20241210/130609130/1

박민아(2024.2.2). 생성 AI는 콘텐츠 프로덕션을 어떻게 바꿀 것인가?. COMPANOID LABS,
https://www.companoid.io/post/how-to-change-the-production-way-for-contents-through-generative-ai

손엄지(2024.5.3). "박은빈 · 손석구 아역이 AI?" … 미디어에 들어온 AI 딥페이크 논란. ≪뉴스1≫,
https://www.news1.kr/it-science/general-it/5404386

신정선(2024.12.17). [그 영화 어때] AI영화 너무 실망했다오, '나야 문희'와 '엠호텔'. ≪조선일보≫,
https://www.chosun.com/culture-life/culture_general/2024/12/17/NGUTD4KDBRE5ZIIW2JQPM2FJ5Y/

양지훈(2024). 동영상 제작 생성형 AI 서비스 〈Sora〉의 등장과 의미: 위기인가, 기회인가?. ≪미디어 이슈&트렌드≫, 62, 75-88쪽.

이용성(2023.6.14). '아톰의 아버지' 데즈카 오사무 신작, 챗GPT 협업으로 나온다. ≪조선비즈≫,
https://biz.chosun.com/international/international_general/2023/06/14/DTGMV3CMHJFZ3JTPYPJ2U72DVY/

이정현(2024.5.24). "AI로만 만들었어요" … LG U+, 새 슬로건 광고 선보여. ≪연합뉴스≫,
https://www.yna.co.kr/view/AKR20240524039100017

장세민(2024.12.8). 오노마AI, 첫 'AI 웹툰' 연재 시작... "인공지능과 인간 협업 선례 만들 것". ≪AI타임스≫,

https://www.aitimes.com/news/articleView.html?idxno=166011

Taneja, H. & Kevin M.(2018). *Unscaled: How AI and a new generation of upstarts are creating the economy of the future.* PublicAffairs. 김태훈 옮김(2019). 『언스케일: 앞으로 100년을 지배할 탈규모의 경제학』. 청림출판.

05
인공지능과 콘텐츠 유통

인공지능의 발전은 콘텐츠의 해외 유통을 위한 현지화 과정에 변화를 가져오고 있다. 번역 및 더빙 자동화 기술 등의 발전은 한국 콘텐츠의 글로벌 시장 진출을 가속화할 수 있는 기회를 마련해 준다. 인공지능이 콘텐츠 유통의 새로운 플랫폼으로 자리 잡는다면, 콘텐츠 유통 방식도 근본적으로 적극적인 재구성과 맞춤형 추천의 방식으로 변화할 것이다. 이는 기존 콘텐츠 유통의 범위와 방식에 대한 상식을 재검토해야 하는 변화로 이어질 것이다.

AI와 아이돌?

인공지능 기반 현지화를 통한 글로벌 유통 확대

콘텐츠 유통 측면에서 인공지능으로 인한 변화가 나타날 중요한 분야는 해외 유통을 위한 현지화 영역이다. 기존 한국 콘텐츠의 글로벌 시장 확대에 제약 요인으로 꼽힌 것 중 하나는 번역 등 현지화에 필요한 비용 문제다. 콘텐츠가 국경을 넘을 때 필요한 현지화의 문제들을 인공지능이 대신 해결해 줄 수 있다면, 한국 콘텐츠가 글로벌에서 성과를 얻을 기회가 더 다양한 콘텐츠로 확대될 가능성이 있다.

현지화 과정에서 가장 눈에 띄는 변화는 번역 분야에서 나타나고 있다. 기존에는 음성을 텍스트로 변환하고, 이를 다시 번역해 자막으로 만드는 과정이 주된 자동화 영역이었다면, 이제는 자동 더빙까지 가능한 수준으로 기술이 발전했다. 특히 최근의 인공지능 더빙 기술은 단순한 음성 합성을 넘어 화자의 음성 특성을 유지하면서 다른 언어로 변환하는 수준으로까지 발전했다.

적극적인 현지화를 위해서는 콘텐츠 '선택' 단계의 판단이 필수적이다. 많은 경우, 어떤 콘텐츠가 좋은 콘텐츠인지를 이해하기 위해 초벌 번역이 필요하다. 이러한 초벌 번역도 비용이 든다. 만약 초벌 번역을 인공지능이 대신 해 준다면, 훨씬 더 많은 콘텐츠가 글로벌 시장의 수요자들에게 더 좋은 반응을 이끌어 내고, 보다 적극적인 현지화 투자를 통한 시장 확대의 기회를 얻을 수 있을 것이다.

인공지능은 번역뿐 아니라 다양한 현지화 요소에도 기여할 수 있다. 예를 들어, 한국 영상 콘텐츠의 해외 진출에 걸림돌로 작용하는 것 중 하나는 음원 저작권 문제다. 특히 예능 프로그램은 음악을 비교적 자유롭게 활용하는 경향이 있어 해외 진출 시 저작권 문제가 심각한 장애물이 된다. 인공지능을 통한 대체 음원 생성은 이러한 문제를 해결할 수 있는 새로운 가능성을 제시한다.

영상 콘텐츠의 현지화에서도 기술적 혁신이 이어지고 있다. 화면 내 한글 자막이나 방송사 로고 등을 제거한 '클린본' 제작에 인공지능이 활용되기 시작했다. 이는 현지화 과정에서 발생하는 상당한 비용을 절감할 기술적 돌파구가 될 수 있다.

이러한 기술의 발전이 특히 의미 있는 것은 초기 단계의 현지화 비용을 크게 낮출 수 있기 때문이다. 이를 통해, 기존에 국내 시장에만 한정되어 있었던 콘텐츠 유통 범위를 글로벌로 넓힐 수 있다는 점에서 시장이 확대되는 긍정적인 효과를 제공해 줄 수 있다.

또한 유통 경로에서 기존 장벽의 완화는 단순히 콘텐

츠 유통만을 변화시키는 게 아니라 콘텐츠를 즐기는 사람들의 취향에도 영향을 줄 수가 있다. 넷플릭스와 같은 온라인 동영상 서비스를 통해 K-드라마에 대한 전 세계의 관심이 빠르게 늘어난 것이 대표적인 사례다.

다만 이러한 시장의 확대는 한국의 입장에서만 바라볼 일은 아니다. 오히려 전 세계가 인공지능 기술을 통한 번역 및 더빙을 활용함으로써 콘텐츠 산업 전반이 점차 글로벌 단일 시장의 성격을 갖게 될 가능성도 있다. 인공지능을 통한 현지화 기술의 발전은, 영상뿐 아니라 다양한 콘텐츠 분야에서 글로벌 유통과 소비를 확산시킬 가능성이 있는 것이다.

효과적인 현지화를 위한 인공지능과 사람의 협업

인공지능 번역 기술의 발전으로 초기 번역 작업의 효율성은 크게 향상되었음에도 완벽한 현지화를 위해서는 여전히 인간의 전문성이 필수적이다. 프랑스 ≪르몽드(Le Monde)≫ 신문의 사례는 이러한 하이브리드 접근의 중요성을 잘 보여 준다. ≪르몽드≫는 영어 버전 콘텐츠 제작 시 1차 인공지능 번역 후 인간 전문가의 감수를 거치는 이원화된 프로세스를 도입하고 있다.

현지화는 단순한 텍스트 번역을 넘어서는 복잡한 과정이다. 현지화는 한 언어의 텍스트를 다른 언어로 변환하는 것에 그치지 않고, 목표 시장의 문화적, 언어적, 구조적 차이를 고려해 맞춤화하는 작업을 포함한다. 문화적 맥락과 뉘앙스를 정확하게 이해하고 전달해야 하며, 이는 자동화된 번역 시스템만으로는 완벽하게 해결하기 어려운 과제들이다.

이런 점에서 '생산과 유통의 동시화' 경향에 주목할 필요가 있다. 콘텐츠들이 글로벌 플랫폼을 통해 동시다발적으로 유통되면서, 기획 단계에서부터 현지화를 고려한 전략이 필요해지고 있는 것이다. 이러한 변화 속에서 현지화는 더 이상 '나중에 처리할 과제'가 아닌, 콘텐츠 기획과 제작의 핵심 요소로 부상할 가능성이 있다. 아이유노와 같은 현지화 전문 기업들이 OTT 영상 콘텐츠의 기획 단계에서부터 해외 플랫폼과 논의를 진행하는 것도 이러한 변화를 반영한다.

인공지능의 활용을 통해 글로벌 유통의 기회가 확대되고 현지화 과정이 효율화된다면, 기술의 효율성과 인간의 문화적 통찰력을 결합하는 중요성 역시 높아질 것이다. 무엇보다 현지화에 필요한 문화에 대한 섬세한 경험과 지식의 가치는 오히려 더 높아질 수 있다. 이런 점에서, 인공지능의 활용과 더불어 질적인 측면에서 인간의 역할을 찾아 나가는 노력에 대해 더 다양한 고민이 이어져야 할 것이다.

인공지능 시대, 콘텐츠 유통 경로의 변화 가능성

인공지능 기술이 콘텐츠가 소비자와 만나는 방식 자체에 변화를 가져올 가능성에 대해서도 고민할 필요가 있다. 인공지능이 기존의 플랫폼을 변화시키거나 새로운 형태의 플랫폼으로 자리 잡는다면, 콘텐츠 유통 방식도 근본적으로 적극적인 재구성과 맞춤형 추천의 방식으로 변화할 수 있는 것이다.

다양한 인공지능 기술들은 스스로 하나의 포털과 같은 형태로 정보 접근의 핵심 경로로서의 위상을 확보하고자 경쟁하고 있다. 단순히 질문에 대한 답을 제공하는 방식을 넘어서, 인공지능이 요약한 콘텐츠를 큐레이션해서 제공한다. 이용자의 기록을 토대로 여러 콘텐츠의 요소들을 자동으로 재가공해서 보여 주는 것이다.

예를 들어, 인공지능 서비스 '뤼튼(wrtn)'의 '7초' 서비스는 인터넷에서 이용자 반응이 높은 뉴스 등을 키워드 형태로 제공하며, 여기에 다양한 쇼트 폼 등의 콘텐츠 링크를 함께 제공한다. '에이닷(adot)'은 뮤직, 미디어, 주식 등 각 분야 '에이전트' 서비스를 통해서 관련 정보에 대한 콘텐츠를 요약해 제공한다.

기존 서비스에 인공지능 기술을 결합해 콘텐츠를 재구성하는 사례도 나타나고 있다. 신세계라이브쇼핑은 인공지능을 기반으로 기존 라이브 쇼핑 방송을 '쇼츠'로 자동으로 재구성해서 제공하는 'AI 숏츠'를 도입했다. 유튜브는 2025년부터 자사의 쇼트 폼 서비스 '쇼츠'에서 인공지능 모델 '비오(Veo)'를 기반으로 6초 분량의 동영상 클립을 자동으로 제작할 수 있도록 할 것이라고 밝혔다. 인공지능 기반의 쇼트 폼 제작 기술이 플랫폼과 결합된다면, 자동으로 재구성된 콘텐츠는 향후 다양한 동영상 탐색의 과정에서 확대 활용될 수도 있다.

챗GPT(Chat GPT)와 같은 서비스가 등장했을 때, 많은 이들은 이러한 인공지능 서비스가 구글과 같은 기존의 검색 및 포털 서비스와 경쟁하는 일종의 플랫폼으로 성장할 것이라 예측한 바 있다. 인공지능 기술이 우리가 콘텐츠를 소비하는 플랫폼 자체를 변화시키거나, 스스로 플랫폼으로 기능할 수 있는 가능성에 대해 고민할 필요가 있는 것이다.

만약 인공지능 서비스가 정보 탐색의 첫 단계에서 중요

한 역할을 맡게 된다면, 콘텐츠는 과거보다 더 세분화된 정보 조각으로 전달될 가능성이 있다. 이와 같은 새로운 콘텐츠 유통 방식이 확산된다면, 이는 결과적으로 콘텐츠를 활용한 비즈니스 모델 등의 변화로도 이어질 수 있다.

이러한 유통 경로의 변화를 가장 먼저 직면하고 있는 콘텐츠 유형은 바로 뉴스와 같은 텍스트 콘텐츠다. 인공지능은 이용자의 요구에 따라 뉴스 콘텐츠를 재구성하고 맞춤화된 형태로 제공한다. 이미 다양한 인공지능 서비스들이 뉴스 콘텐츠를 이용자의 요구에 따라서 쪼개고 재구성하며, 출처의 형태로 링크를 조합해서 보여 주는 방식을 취하고 있다.

문제는 이러한 경로의 변화가 뉴스 원문에 대한 접속으로 언론사에게 제공하던 기존의 수익화 방식에도 영향을 미친다는 점이다. 인공지능이 뉴스를 재구성하여 전달할 경우, 뉴스 링크를 통해 접속하는 트래픽에 기반하여 광고 등으로 수익을 창출했던 언론사들은 수익 감소에 대응하기 위한 새로운 방안을 찾아야 한다. 인공지능에 기반한 뉴스 콘텐츠 유통의 변화로 인해, 트래픽에 의존해 광고 수익을 창출하던 기존 뉴스 산업의 패러다임이 변화할 가능성이 있는 것이다.

콘텐츠 전체를 변형하는 방식은 아니더라도, 인공지

능 기술을 통한 맞춤형 콘텐츠의 제공은 기존 콘텐츠의 성공 방정식에 변화를 가져올 수 있다. 네이버는 2024년 12월, 인공지능 큐레이터를 웹툰 서비스에 적용한 결과 인기 작품의 쏠림 현상이 완화되었다는 연구 결과를 발표한 바 있다(권혜미, 2024). 기존에 '인기순'으로 배열되던 콘텐츠 추천을 인공지능 큐레이터를 바탕으로 변경해서 정렬한 결과, 작품 추천에서 시장 집중도(HHI)가 감소했다는 것이다.

OTT 플랫폼에서도 이용자 취향 및 행동 데이터를 바탕으로 다양한 섬네일을 제공하는 등 데이터 기반 이용자 맞춤 콘텐츠를 제공하고 있다. 넷플릭스는 같은 작품이라도 이용자의 기존 시청 기록 등을 토대로 서로 다른 섬네일 이미지를 제공한다. 그리고 시청 기록에 근거한 취향 데이터를 바탕으로 관련 영상 콘텐츠를 추천한다.

콘텐츠 유통 과정에서 인공지능을 활용한다면, 과거보다 더 다양한 기준으로 콘텐츠를 유통하고 소비자와의 접점을 만들어 낼 수 있다. 앞선 네이버의 사례를 참고한다면, 과거보다 더 다양한 콘텐츠가 이용자를 만날 기회가 마련될 가능성도 있다. 이는 콘텐츠 제작 측면에서 나타난 다양성과 더불어, 콘텐츠 유통 과정에서 다양화된 콘텐츠를 맞춤형으로 제공할 기반을 갖출 수 있다는 점을 의미한다.

앞서 검토한 현지화의 수월함과 맞춤형 콘텐츠 추천이 결합된다면, 콘텐츠의 유통 범위는 과거와는 전혀 다른 방식으로 확장될 수 있다. 콘텐츠 유통의 범위가 개별 국가로 한정되기보다는, 전 세계의 다양한 취향과 목적을 가진 사람에게로 확대될 가능성이 있는 것이다. 이는 콘텐츠의 다양성 측면에서 분명 긍정적인 변화가 될 수 있을 것이다.

국내의 한정된 시장만을 염두에 두는 지역 기반 콘텐츠 전략은 인공지능 시대에 한계를 맞이할 수 있다. 다양한 방식으로 재구성된 콘텐츠가 글로벌로 유통된다면, 기존의 콘텐츠 시장 간 경쟁 관계의 틀도 재구성될 수 있다. 인공지능 기술의 발전이 국내 콘텐츠 산업을 글로벌 시장으로 편입시키는 수준을 높여 나가게 될 때, 우리가 이를 기회로 삼을 수 있을지, 혹은 기존의 취약성이 심화되는 위기에 봉착하게 될지에 대해 더 깊이 고민해야 할 것이다.

참고문헌

권혜미(2024.12.10). 네이버웹툰 "AI 추천으로 인기 작품 쏠림 현상 완화". ≪전자신문≫, https://www.etnews.com/20241210000072

06
인공지능과 콘텐츠 이용

콘텐츠 이용 방식의 측면에서 인공지능은 콘텐츠를 더욱 효율적이고 개인화된 형태로 소비할 수 있는 가능성을 열어 줄 것이다. 인공지능 시대에 콘텐츠는 고정된 형태로 존재하는 것이 아닌, 다양한 형식으로 유동적으로 변화하게 될 것이다. 콘텐츠 창작자와 기업은 이용자와 인공지능의 협업을 통해 열리는 더 넓은 무한한 상호 작용적 콘텐츠 이용의 세상을 자신의 콘텐츠에 대한 관심과 선호, 관여와 참여로 연결할 수 있어야 할 것이다.

AI와 야구?

인공지능 기반 콘텐츠 추천의 명암

인공지능의 등장은 콘텐츠 소비 방식에 근본적인 변화를 가져올 수 있다. 콘텐츠의 재구성과 유통 과정에서 인공지능의 역할이 확대되면서, 이용자의 콘텐츠 소비 경험도 크게 달라질 수 있는 것이다. 과거의 디지털 전환이 콘텐츠 자체의 존재 방식을 바꾸고, 우리가 이용하는 방식도 바꾸어 온 것처럼, 인공지능 기술도 우리가 콘텐츠를 이용하고 즐기는 방식 전체에 영향을 줄 수 있을 것이다.

가장 먼저 생각할 수 있는 것은 '추천' 시스템이다. 인공지능 기반 추천 시스템은 방대한 콘텐츠를 분류하고 개인의 취향에 맞게 제시함으로써, 이용자들의 콘텐츠 탐색 방식을 크게 확장하고 재구성한다. 이용자들은 과거보다 더, 자신의 취향에 맞는 콘텐츠를 다양하게 탐색할 기회를 얻고 있다.

물론 이러한 추천이 언제나 긍정적인 방식으로 작용하는 것은 아니다. 알고리즘 기반의 추천 시스템으로 인한 '필터 버블(filter bubble)'이라는 새로운 문제를 야기할 수 있다. 필터 버블은 이용자가 자신의 기존 관점과 일치하는 정보만을 접하게 되면서, 다양한 시각과 정보로부터 고립되는 현상을 말한다. 이는 단순한 정보 편식을 넘어 사회적 분열을 심화할 수 있다는 점에서 많은 우려를 낳고 있다.

이러한 한계를 극복하기 위해 사용자에게 예상치 못한 발견의 기쁨, 즉 '세렌디피티'를 제공하는 방향을 고민해 볼 필요가 있다. 인간은 익숙한 것을 좋아하지만 새로운 것을 보고 싶은 욕망도 함께 가지고 있다.

이러한 발견성을 어떻게 인공지능을 통해 확보할 수 있을까? 인공지능은 콘텐츠 간의 새로운 연결고리를 발견하고 제시할 수 있다는 장점이 있다. 콘텐츠의 실제 내용과 맥락을 이해하고 연관성을 찾아내는 것이 가능하기 때문이다. 이런 점에서, 인공지능을 활용해서 단순히 최신 콘텐츠나 인기 콘텐츠를 넘어서 과거의 콘텐츠나 틈새 콘텐츠까지 포함하는 폭넓은 추천을 제공할 수 있다.

재구성된 콘텐츠 이용 확대와 탐색의 강화

그럼 다시 콘텐츠를 선택하는 장면으로 돌아와 보자. 인공지능 기술로 인해 콘텐츠 제작이 효율화되고, 국경과 언어의 한계를 넘어선 콘텐츠를 만날 수 있다면, 우린 더 많은 콘텐츠 속에서 탐색을 하기 위한 노력의 크기를 키워야 할 것이다.

문제는 '탐색'에는 일정한 인지적 자원이 필요하다는

것이다. 너무 많은 콘텐츠의 선택지는 이용자에게 오히려 부담으로 작용한다. 넷플릭스의 섬네일만 탐색하다 결국 영상 시청을 하지 못했다는 소위 '넷플릭스 증후군'은 이러한 현상을 잘 설명해 준다.

최근 '쇼트 폼' 영상에 대한 주목은 이러한 '탐색'의 부담을 줄여 주는 콘텐츠 형식이란 점과도 무관하지 않다. 쇼트 폼 콘텐츠는 개별 콘텐츠로 소비될 뿐 아니라, 롱 폼 콘텐츠의 요약본 기능을 하면서 콘텐츠와 채널로의 유입으로 이어질 수 있는 일종의 '관문' 역할을 담당한다. 유튜브의 자료에 따르면, 한국 Z세대 시청자의 47%가 쇼트 폼 영상을 통해 이후에 시청할 롱 폼 영상을 발견하고 있다고 답변한 바 있다(황신재, 2024).

그럼 인공지능 기술은 이러한 콘텐츠 재구성을 통한 탐색 기능 강화에 기여할 수 있을까? 기존에는 이러한 콘텐츠가 우리에게 전달되기 위해 필요한 재구성의 과정을 사람이 직접 담당해야 했다. 유튜브에 있는 수많은 요약 콘텐츠의 사례를 생각해 보자. 유튜브의 다양한 쇼트 폼 영상, 혹은 롱 폼의 콘텐츠들을 짧게 재편집해서 전달하는 '하이라이트' 영상 등이 대표적이다. 이러한 편집의 역할은 사람의 몫이었고, 이러한 편집 역량을 가진 사람들이 높은 채널 성과를 보여 왔다.

앞으로 인공지능이 이러한 재구성의 과정을 더 수월하게, 더 빠르게, 더 넓은 범위에서 진행하고, 이를 이용자에게 맞춤형으로 제공하는 상황을 가정해 보자. 이미 다양한 인공지능 기반의 영상 편집 서비스들이 기존 콘텐츠를 분석하고 재구성하는 기능을 제공하고 있다. 긴 영상을 짧은 클립으로 자동 편집하거나, 텍스트 콘텐츠를 다양한 형태로 변환하는 등 콘텐츠 재구성은 더 수월해지고 있다. 이러한 재구성의 효율화가 앞서 검토한 맞춤형 추천과 결합된다면, 우리는 보다 확장된 콘텐츠의 세상에서 각자가 필요한 콘텐츠를 탐색하는 과정을 조금은 더 효과적으로 진행할 수 있을 것이다.

다만, 이러한 탐색의 과정이 과거와 동일한 콘텐츠의 소비로 이어지진 않을 수 있다. 앞서 인공지능이 유통 플랫폼으로 발전한다면, 우리의 콘텐츠 이용은 인공지능이 자동으로 재구성해서 추천해 준 콘텐츠의 조각들에 대한 접촉으로 변화될 가능성이 있음을 논의한 바 있다. 이용자의 시간 자원이 제한되어 있다는 점을 고려한다면, 우리가 전체 콘텐츠를 소비하는 것보다는 이렇게 파편화된 콘텐츠를 소비하는 양상이 훨씬 더 확대될 가능성도 있다.

이미 우리는 이러한 형태의 콘텐츠 소비 양상을 경험

하고 있다. 최근 '쇼트 폼 중독'에 대한 우려는 쇼트 폼의 시청이 단순한 '탐색'을 넘어서, 그 자체로 핵심적인 콘텐츠 이용 방식이 되고 있음을 상징적으로 보여 준다.

디지털 미디어 영역에서는 하나의 원본 콘텐츠가 굉장히 다양한 유형의 콘텐츠로 동시에 존재할 수 있다. 여러 형태로 재구성된 다양한 콘텐츠가 공존하는 상황에서, 우리는 '콘텐츠' 형식에 대한 감각 자체를 다시 형성하는 기회를 얻고 있다. 인공지능이 적극적으로 재구성하고 추천하는 콘텐츠의 소비가 늘어나는 것은, 콘텐츠 이용 방식의 변화를 넘어서 콘텐츠를 경험하는 우리의 전제와 인식, 감각의 변화로 이어질 가능성이 있다.

이용자의 참여, 혹은 능동성의 변화

인공지능 기술로 인한 콘텐츠 재구성의 활성화는 또 다른 쟁점을 떠올리게 한다. 인공지능은 단순한 형식의 변환을 넘어, 콘텐츠의 본질적 요소들을 새롭게 조합하고 재구성하는 기회를 제공할 수 있다.

인공지능 서비스 뤼튼(wrtn)이 제공하는 '캐릭터 챗'은 새로운 방식의 콘텐츠 이용 사례를 보여 준다. 이용자들은 개발자가 캐릭터에 부여한 설정과 상황을 토대로, 각자의 질문과 지시를 통해 자기만의 대화를 구성한다.

콘텐츠의 구성에서 과거보다 훨씬 높은 수준의 자유도를 이용자가 얻을 기회가 인공지능 기술을 통해 마련되고 있는 것이다. 이용자들은 자신의 선호도와 상황에 맞게 콘텐츠를 변형하고 소비할 수 있는 가능성을 맞이하고 있다.

디지털 미디어가 바꾼 콘텐츠 이용의 특징을 다룬 헨리 젱킨스(Henry Jenkins)의 통찰은 인공지능 시대에도 분명 유효한 측면이 있다. 헨리 젱킨스(2006/2008)는 그의 저작 『팬, 블로거, 게이머』에서 콘텐츠의 팬덤은 단순한 소비자를 벗어나 상호 협력과 소통을 적극적으로 펼치고, 콘텐츠와 관련된 지식을 생산하며 공유하고 다양한 팬 픽션과 같은 연계 콘텐츠의 재구성을 전개하는 주체라는 점을 강조한다. 디지털 미디어의 특성과 팬덤이라는 적극적 이용자의 결합은 콘텐츠가 단일한 방식으로 소비되는 것이 아니라, 다양한 방식으로 재해석되고 재구성되도록 해 주고 있다.

인공지능 기술은 이러한 재해석과 재구성에서 이용자가 더 강력한 도구를 갖게 되는 상황을 마련해 준다. 기존에는 팬덤 중에서도 일부의 창작 역량을 가진 이들에게만 허락되었던 재구성의 과정이, 보다 다양한 콘텐츠에서 더 전방위적으로, 누구나 손쉽게 시도할 수 있는 기회를 갖추게 되는 것이다. 인공지능 기술을 통해 모든 콘텐츠는 재구성의 가능성에 열려 있는 상태가 된다. 또 재구성의 비용이 굉장히 낮아지고, 그 선택의 주체 역시 다양한 이용자들로 확장된다.

이는 콘텐츠 소비 방식의 근본적인 변화를 의미한다. 인공지능은 이용자의 요구에 따라 콘텐츠를 실시간으로 재구성하고, 새로운 형태의 콘텐츠 경험을 제공할 수 있게 되었다. 이는 콘텐츠의 생산과 소비 사이의 경계가 더욱 모호해지는 현상을 가속화한다. 이러한 콘텐츠의 유동화는 창작자의 입장에서는 새로운 도전이라 할 수 있다. 창작자가 의도한 콘텐츠의 구성과 순서는 인공지능을 통해 언제든지 자유롭게 다시 짜일 수 있다.

결국 인공지능 시대의 콘텐츠 이용에 대한 고민은, 콘텐츠에 대한 우리의 기존 인식을 넘어서는 재구성의 관점에서 출발해야 한다. 기업의 입장에서는 이러한 변화를 어떻게 비즈니스로 연결할 수 있을지에 대해 고민해야 할 것이다. 때로는 권리의 침해에 적극적으로 대응하면서도, 이용자와 인공지능의 협업을 통해 열리는 더 넓은 무한한 상호 작용적 콘텐츠 이용의 세상을 자신의 콘텐츠에 대한 관심과 선호, 관여와 참여로 연결할 수 있어야 한다.

디지털 미디어의 발전은 콘텐츠 산업이 '완결 패러다임'의 시대를 넘어 '연계 패러다임'의 시대로 전환되는 계기를 마련했다(이성민 외, 2022). '연계 패러다임'이란, 다양한 콘텐츠의 상호 연결성과 이를 탐색하는 팬덤의 참여가 콘텐츠 이용의 핵심 요소로 부상하는 체계를 의미한다. 인공지능 기술의 발전은 이러한 전환의 속도를 가속화하면서, 동시에 연계의 가능성을 더 크게 확장하며, 이용자의 자율성을 한 단계 더 높은 수준에 도달하게 한다.

많은 콘텐츠 기업은 자신의 콘텐츠가 더 다양한 계기에서 팬덤을 만나고, 더 적극적으로 팬덤이 참여할 수 있는 기회를 마련하는 방식으로 이러한 '참여 문화'(헨리 젱킨스, 2006/2008)의 변화에 적응해 왔다. 인공지능 시대에는 보다 복잡하게 상호 연결된 콘텐츠들 속에서, 자신들이 가지고 있는 권리를 적절히 보호하면서도 활발한 재구성의 과정을 수익으로 연결할 수 있는 전략을 더 발전시켜야 할 것이다.

참고문헌

이성민 외(2022). 『영상문화콘텐츠산업론』. 한국방송통신대학교출판문화원.

황신재(2024). 2024년에도 이어질 Youtube 메가 트렌드 분석 2. 동영상 플랫폼 시장의 지형 변화. Think with Google, https://www.thinkwithgoogle.com/intl/ko-kr/marketing-strategies/video/2024-youtube-landscape/

Jenkins, H.(2006). *Fans, bloggers, and gamers: Exploring participatory culture*. NYU Press. 정현진 옮김(2008), 『팬, 블로거, 게이머: 참여문화에 대한 탐색』. 비즈앤비즈.

07
인공지능과 콘텐츠 저작권

인공지능 기술의 발전은 기존 저작권 제도에 변화의 압력으로 작용하고 있다. 인공지능은 기존의 저작물을 학습하고 이를 재구성하여 새로운 형태의 콘텐츠를 생성한다. 이러한 학습과 생성의 과정, 그리고 결과물의 권리 등에서 저작권에 대한 여러 질문들을 남긴다. 저작권 제도의 변화로 다양한 이해관계의 조정이 필요하다는 점과, 향후 '인간의 역할'이 이 과정의 쟁점이 될 수 있다는 점에 대해 콘텐츠 기업은 주목해야 할 것이다.

AI와 윤동주?

저작권, 인공지능을 둘러싼 전쟁터

인공지능의 등장은 저작권 체제에 새로운 도전을 제기한다. 특히 인공지능의 학습과 생성 과정에서 발생하는 저작물의 이용과 변형은 기존 저작권 체제의 근본적인 재검토를 요구하고 있다.

생성형 인공지능의 발전은 저작권을 둘러싼 갈등과 논쟁을 촉발하였다. 2023년 12월, ≪뉴욕타임스(The New York Times)≫가 인공지능 학습에 자사의 기사를 비롯한 저작물을 사용한 것에 대해 오픈AI(OpenAI)와 마이크로소프트(Microsoft)를 대상으로 저작권 침해 소송을 제기한 것이 대표적인 사례다(최승재, 2024). 한국에서도 신문협회와 온라인신문협회 등이 2023년 네이버의 인공지능 서비스 '클로바X'가 학습 데이터 습득 과정에서 뉴스 저작권을 침해했다고 주장하며 입장문을 발표했고, 이후 2024년 여섯 개 언론 단체가 공동으로 인공지능 시대의 뉴스 저작권 보호를 위한 'AI 시대 뉴스 저작권 포럼'을 발족했다.

저작권자들이 반발하기 시작한 이유는 우선 인공지능의 학습과 생성 과정이 저작권을 침해하고 있다는 판단 때문이다. 인공지능이 다양한 텍스트, 이미지, 사운드, 비디오를 생성할 수 있는 것은 기존 자료에 대해 '학습'이란 과정을 거쳤기 때문이다. 생성형 인공지능에서 사용하는 데이터는 생성 결과물의 품질을 좌우하는 중요한 요소다. 생성형 인공지능은 학습 데이터를 바탕으로 데이터 자체의 확률 분포를 학습하는 과정을 거치게 된다(김동현, 2024).

학습을 위한 수집과 복제 등의 과정에서 정당한 허락을 받지 않은 저작물이 활용되고 있다는 것이 저작권자의 입장이다. 학습 목적의 저작물 수집에 대한 동의를 받지 못했거나 정당한 권리를 확보하지 않은 상황이라면, 저작물을 데이터로 처리하고 이용하는 과정이 저작권법상의 복제 및 전송권을 침해할 수 있다는 것이다(박현경, 2020).

또한 저작권자들은 학습 이후 생성과 활용 단계에서의 저작권 침해에도 주목한다. 인공지능이 생성한 결과물이 타인의 저작물과 흡사한 경우가 대표적이다. 생성형 인공지능과 관련해서는 다수의 저작권 분쟁이 벌어지고 있는데, 새롭게 생성되는 이미지들이 저작권을 침해한 2차적 저작물에 해당된다고 주장하는 사례들이 늘어나고 있다.

대표적으로 앤더슨(Anderson) 등 3인의 예술가와 스테이블 디퓨전(Stable Diffusion)을 서비스하는 스터빌리티AI(Stability AI)와의 소송(2023.1.13.) 사례, 게티이미지(Getty Images)가 스터빌리티AI를 상대로 허락이나 보상 없이 자신의 컬렉션에서 수백만 장의 사진을 복제했고 종종 생성된 이미지에 게티이미지의 워터마크가 포함된 결과물이 생성된다는 점에서 저작권 및 상표권 침해 등의 혐의로 소송을 제기한 사례(2023.2.3.) 등이 있다(김창화, 2024).

물론 생성된 결과물에 대해 실제 저작권 침해가 인정되기 위해서는 인공지능의 산출물이 기존 저작물을 인식하고 해당 작품에 근거해서 만들어진 것인지(의거 관계의 입증)와, 인공지능을 통해 산출된 결과물이 기존의 저작물과 같거나 유사하다고 볼 수 있는지(실질적 유사성)에 대한 판단이 필요하다(이지연 · 김원오, 2024). 학습 과정에서의 복제권 등 침해를 판단하기 위해서도 학습 데이터에 해당 저작물이 포함되었는지의 여부를 판단해야 한다.

이러한 점에서 학습 데이터의 출처 및 이용된 저작물의 내역 표시와 같이 인공지능 서비스의 투명성을 높여야 할 필요성에 대한 지적도 제기되고 있다(한국저작권위원회, 2023). 또한 광범위한 분야에서 생성형 인공지능이 활용되기 시작하면서, 관련 논란과 분쟁을 해결하기 위한 사회적 합의와 규범의 마련이 필요하다는 목소리도 높아지고 있다(이지연 · 김원오, 2024).

저작권을 둘러싼 분쟁이 심화되고 있는 배경 중 하나는 인공지능을 통해 생성된 결과물이 기존 콘텐츠 사업자의 사업 모델 전체에 위협으로 작용할 수 있다는 우려라고 할 수 있다. 대표적으로 뉴스 분야의 저작권자들은 생성형 인공지능이 뉴스 기사를 종합하고 요약해 제공하는 것은 언론사의 시사 정보 제공과 그 목적이 거의 유사하여 언론사의 디지털 유료 구독 모델이나 광고 수익 모델과 직접적으로 경쟁하므로, 저작권자의 이익을 부당하게 해친다는 점을 주장한다.

이는 인공지능의 학습 과정에 대한 제도 환경의 변화와도 연관된다. 미국의 경우 저작권법에 '공정 이용'에 대한 일반 조항을 두고 있고, 독일과 일본, 영국 등은 TDM(Text & Data Mining) 면책 규정을 두고 있다(이지연 · 김원오, 2024). 이러한 규정은 빅데이터(big data), 인공지능 등의 기술 발전을 위해 마련된 것들이었으나, 생성형 인공지능의 등장으로 규정 적용의 적절성에 대한 논쟁이 가속화되고 있다. TDM 면책의 근거를 마련했던 유럽연합(EU)과 일본은 이를 보완하기 위한 법제적 방안을 검토하기 시작했고, 미국에서는 공정 이용에 대한 심사 강도가 최근 판례에서 변경되고 있는 상황이다(방정미, 2024). 한국에서는 TDM 면책 규정이 포함된 저작권법 개정안이 발의되었으나, 생성형 인공지능의 등장 이후 여러 논란 속에 실제 입법에 이르지는 못했다.

인공지능 생성물의 저작권

인공지능 기술의 발전은 무엇보다 저작권법이 전제하고 있는 기본 개념들과 충돌을 일으키고 있다. 현재 대부분의 국가에서 저작물은 '인간의 사상 또는 감정을 표현한 창작물'로 정의되며, 저작자는 해당 저작물을 창작한 자로 규정된다. 이러한 법적 체계하에서 인공지능이 독자적으로 생성한 창작물은 저작물로 인정받기 어려운 상황이다.

인공지능이 만들어 낸 결과물을 활용하는 사람의 입장에서는 저작권이 인정되지 않는 작품을 활용하기 때문에 얻을 수 있는 장점도 있지만 그것이 갖는 리스크도 있다. 인공지능을 통해 생성한 저작물을 남들이 활용할 수 있는 가능성이 생기면, 그것을 상업적으로 이용하는 데 분명히 한계가 있다. 그렇기 때문에 인공지능이 만들어 낸 결과물을 재조합해서 콘텐츠를 만드는 경우 그것들의 권리가 인정받을 필요성은 있다.

이와 관련된 대표 사례로 미국 작가 크리스 카시타노바(Kris Kashtanova)가 인공지능 미드저니(Midjouney)를 통해 그린 〈새벽의 자리야(Zarya of the Dawn)〉를 들 수 있다. 카시타노바는 자신과 함께 '미드저니'를 작가로 포함해서 해당 작품의 저작권 등록을 시도했으나 미국 저작권청은 인공지능의 저작권은 인정하지 않았고, 작가의 아트 워크 선택, 조정, 배열 등에 대한 기여를 일부 인정한 바 있다(정세은, 2024).

한국에서는 생성형 인공지능의 산출물에 편집과 배열 등의 작업을 추가하여 인간의 창작성이 인정되는 경우 '편집 저작물'로서 저작권 등록을 받고 있다. 이는 인공지능을 통해 제작한 이미지, 글 등을 사람이 엮어서 '편집 저작물'을 만드는 경우, 그 소재의 선택과 배열에서의 창작성을 근거로 저작권을 부분적으로나마 인정받을 수 있다는 것을 의미한다. 실제로 한국에서는 인공지능 산출물이 포함된 저작권 등록이 2022년 0건, 2023년 1건에서 2024년 11월 30일 기준 10건으로 증가했다(권혜미, 2024).

이러한 인공지능 창작물의 저작권 인정에서 핵심적인 쟁점은 인공지능과 인간의 기여도를 어떻게 평가할 것인가의 문제일 것이다. 인공지능을 단순한 도구로 볼 경우, 최종 결과물에 대한 저작권은 인간 창작자에게 귀속될 수 있다. 그러나 인공지능의 역할이 단순한 보조를 넘어설 경우, 기여도 판단은 더욱 복잡해진다.

중국에서는 이례적으로 생성형 인공지능이 만든 이미지의 저작권을 인정한 법원 판결이 나왔다. 2023년 11월 중국의 인터넷 법원에서 내려진 판결로, 중국인 리(Li)가 '스테이블 디퓨전'을 통해 만든 여성 이미지를 리우(Liu)라는 인물이 도용했다고 제기한 소송에서 원고가 승소한 것이다. 해당 소송은 이미지를 생성하는 과정에서 다양한 명령어를 사용하고 설정값을 복합적으로 변경하는 등의 노력이 있었던 부분을 인정했다(이종현, 2024). 이는 생성형 인공지능을 콘텐츠 창작의 도구로 바라보고 인간의 기여를 세밀하게 나눈 사례란 점에서 주목할 만하다.

인공지능을 활용한 창작물의 저작권 논의에서 참고할 만한 과거의 사례로, 사진의 저작물성에 대한 사진작가 사로니(Sarony)의 저작권 침해 소송(1884)을 들 수 있다. 당시 미국연방대법원은, 사로니의 사진이 작가의 독창적인 사고를 통한 피사체의 배치, 포즈, 조명 등에 의해 연출된 결과물이었다는 점에서 저작권을 인정한 바 있다(조연하, 2024). 이는 인공지능 기술을 활용한 창작에서 인간의 창의성 개입을 입증하는 것이 향후 저작권 인정 과정에서 중요한 쟁점이 될 수 있다는 점을 생각하게 한다.

인공지능 시대, 저작권의 미래

인공지능 기술의 발달은 전통적인 저작권 개념에 도전장을 내밀고 있다. 과거 디지털 기술이 저작물의 생산과 유통 방식을 근본적으로 바꾸었듯이, 인공지능 기술은 저작물의 존재 방식과 창작 과정 자체를 변화시키고 있다. 앞서 검토한 학습 데이터와 관련된 분쟁으로부터, 인공지능이 생성한 작품의 권리 보호 문제까지 많은 쟁점들이 제기되고 있다. 특히 인간의 창작물을 보호하는 데 초점을 맞추고 있는 현행 저작권 제도의 한계에 대한 고민이 깊어지고 있다.

저작권법은 기술 발전의 과정 속에서 계속해서 변화를 거듭해 왔다. 인쇄술의 발명으로부터 시작된 저작권 개념은 인터넷의 발달과 디지털 환경으로의 전환 과정을 거치며 지속적으로 진화해 왔다(강석원, 2024). 현재의 저작권 제도 역시 고정불변한 것이 아니라 인공지능이라는 새로운 기술 환경에 맞춰 변화할 수 있고, 또 변화해야 할 것이다.

저작권 제도는 기술 혁신, 산업 구조의 변화, 권리자들의 이해관계 조정 등이 복합적으로 얽힌 문제다. 생성형 인공지능을 둘러싸고 저작권자와 인공지능 기술 기업과의 갈등이 이어지고 있는 것도 이러한 복합성을 잘 보여 준다. 특히 인공지능이 생성한 결과물이 기존 콘텐츠와 미디어 기업에 직접적인 사업적 위협이 될 수 있다는 점에서 이러한 갈등의 해결은 쉽지 않은 문제다.

생성형 인공지능을 창작 과정에 사용하려는 기업의 입장에선 이러한 변화 과정은 불확실성으로 다가올 수 있다. 콘텐츠 창 · 제작 과정에 인공지능을 도입하려고 할 때, 이용 과정에서 자칫 저작권을 침해할 수 있다는, 또 생성한 결과물의 권리를 인정받기 어려울 수 있다는 위험 요인을 감수해야 할지도 모른다.

그럼에도 생성형 인공지능 기술의 발전은 오히려 저작권에 대한 본질적 고민을 가능하게 하는 기회가 될 수 있다. 현재의 시점에서 가장 분명한 것은, 창작물의 권리는 인간의 창의적 개입에서 출발한다는 점이다. 저작권 제도는 창작자의 권리를 보호하면서 창의적 활동을 촉발하는 것을 핵심적인 가치로 갖는다. 인공지능이 발전하더라도 이러한 핵심 가치가 달라지지는 않을 것이다. 인공지능을 인간을 손쉽게 대체하는 도구가 아닌, 인간의 창의적 활동을 촉발하는 계기로 삼으려고 고민하고 노력하는 콘텐츠 기업에게는 이러한 변화가 새로운 기회로 다가올 수 있을 것이다.

참고문헌

강석원(2024.7.14). [ET시론] AI 시대의 저작권 도전과 기회: 창작자 보호와 혁신의 조화. ≪전자신문≫, https://www.etnews.com/20240712000204

권혜미(2024.12.29). 국내 AI 편집저작물 등록 급증… 카메라 · 배우 없는 영화 현실로. ≪전자신문≫, https://www.etnews.com/20241227000220

김동현(2024.10.18). [All Around AI 6편] 생성형 AI의 개념과 모델, SKhynix 뉴스룸, https://news.skhynix.co.kr/post/all-around-ai-6

김창화(2024). 생성형 AI를 둘러싼 최근 저작권 분쟁 동향과 시사점. ≪규제법제리뷰≫, 24(1), 174-227쪽.

박현경(2020). 인공지능 학습과정에서 저작물의 이용에 관한 소고. ≪스포츠엔터테인먼트와 법≫, 23(1), 129-152쪽.

방정미(2024). 생성형 인공지능의 저작권 침해 예외 규정으로서 공정이용 법리의 유효성에 관한 시론적 고찰. ≪유럽헌법연구≫, 44, 269-303쪽.

이종현(2024.1.6). AI가 생성한 이미지에 저작권 인정… 이례적 사례 주목. ≪디지털데일리≫,

https://m.ddaily.co.kr/page/view/2024010518101017904
이지연 · 김원오(2024). 저작물 학습자로서 생성형 AI의 저작권 침해 책임. ≪IP & Data 法≫, 4(1), 75-120쪽.
정세은(2024). 인공지능 생성물의 저작권 보호 이슈와 귀속주체 연구 - 외국의 인공지능 생성물에 대한 주요 사례를 중심으로 - . ≪법학논집≫, 28(4), 179-216쪽.
조연하(2024). 인공지능 창작물의 저작자 판단기준에 관한 연구 - 비인간 창작물에 관한 미국 판례분석을 중심으로. ≪언론과법≫, 23(1), 155-194쪽.
최승재(2024.2.13). [미국] 뉴욕타임즈, AI 학습에 자사의 저작물을 이용한 것에 대해 OpenAI와 마이크로소프트를 상대로 저작권 침해 소송 제기. ≪저작권 동향≫, 2024(1), https://www.copyright.or.kr/information-materials/trend/the-copyright/view.do?brdctsno=52641&list.do?pageIndex=1&searchText=&servicecode=06&brdctsstatecode=&brdclasscode=&searchTarget=ALL&nationcode=
한국저작권위원회(2023). 생성형 AI 저작권 안내서. https://www.copyright.or.kr/information-materials/publication/research-report/view.do?brdctsno=52591

08
인공지능과 뉴 콘텐츠

인공지능 기술은 새로운 콘텐츠 창출에서 중요한 역할을 할 수 있는 잠재력을 가지고 있다. 인공지능은 메타버스와 같은 혁신적인 콘텐츠의 성장을 통해, 현실과 가상의 경계를 허물고 사용자 참여를 증대시키는 등 새로운 경험을 창출할 수 있는 기회를 제공할 것이다. 이러한 변화는 콘텐츠의 모달리티 전환 비용을 낮추고, 이용자의 상호 작용을 촉진하며, IP의 중요성을 더욱 부각하는 요소로 작용할 것이다.

AI와 한의학?

'새로운' 콘텐츠의 시대를 여는 인공지능

인공지능은 과연 완전히 새로운 콘텐츠의 등장을 가능하게 할까? 앞서 디지털 전환의 과정과 인공지능 등장 이후의 전환을 계속해서 언급한 것은 이러한 문제의식과 관련된다.

디지털 기술의 발전은 과거에 없던 '뉴 미디어'의 등장과 새로운 콘텐츠의 시대를 가능하게 했다. 만화를 디지털 환경에 적합한 방식으로 재구성한 웹툰, 음악의 소비 방식을 바꾼 음원 스트리밍, 영상 창작과 소비의 생태계를 바꾼 온라인 동영상 서비스 등이 대표적이다. 인공지능은 과연 어떤 '새로운' 콘텐츠의 시대를 열어 줄 수 있을까?

기존의 콘텐츠 산업은 영상, 텍스트, 소리와 같은 모댈리티(Modality) 단위로 산업들이 구분되어 존재해 왔다. 디지털 기술은 미디어 간의 구분이 단단하게 이루어져 있는 '고체적' 미디어의 시대에서 여러 미디어의 특성이 융합되고 재구성되는 '액체 미디어(liquid media)'의 시대를 열어 주었다(이성민, 2022). 예를 들어, 텍스트 콘텐츠가 중심이 되는 뉴스 미디어도 이미 영상, 이미지 등을 종합적으로 서비스하는 기업의 성격을 보여 주고 있다. 산업 간의 구분은 흐려지고, 디지털 기술로 재탄

생한 유연한 포맷의 콘텐츠가 다양한 스크린으로 유동하며 흐르는 시대인 것이다.

인공지능 기술은 이러한 융합을 더 강화하는 동력으로 작용할 수 있다. 인공지능을 통해 창작자가 다양한 모달리티의 콘텐츠를 보다 자유롭게 생성하고 활용할 수 있는 제작 환경이 마련된다면, 콘텐츠 기업은 보다 유연하게 비즈니스 환경과 시장의 수요에 따라 콘텐츠의 유형을 변화시켜 나갈 수 있기 때문이다.

이뿐 아니라, 인공지능 기술의 발전은 기존에 충분히 자리 잡지 못했던 '새로운' 콘텐츠들에 성장의 기회를 제공할 수 있다. 대표적인 사례로 코로나19 이후에 짧은 주목을 받았다가 정체의 시기를 겪고 있는 '메타버스(metaverse)' 콘텐츠를 꼽을 수 있다.

물론 메타버스라고 하는 개념 자체가 '현실과 가상의 융합'으로 구성된 세계로 매우 넓게 정의될 수 있기 때문에 '진정한 메타버스'가 무엇인지는 아직 확인하기 어렵다. 기존 아바타 중심의 3D 월드와 샌드박스 방식의 콘텐츠가 메타버스를 온전히 대표한다고 보기도 어렵다. 인공지능 기술의 발전이 이러한 메타버스의 진화에 기여할 수 있는 지점들은 충분히 탐색해 볼 필요가 있다.

현재 존재하는 메타버스 콘텐츠는 주로 가상의 공간

에서 '아바타'의 움직임을 통해 다양한 활동을 하는 형태이거나, 이용자가 직접 신체 감각을 통해 체험할 수 있는 형태로 제공된다. 이용자가 직접 신체를 통해 체험하든, 아바타의 움직임을 통해 간접적으로 체험하든 공통적으로 3D 모델링을 기반으로 마련된 공간이 중심이 된다는 점이 중요한 특징이다.

레프 마노비치(Lev Manovich)는 『뉴미디어의 언어』에서 시각 매체의 계보를 2차원 평면, 즉 캔버스나 스크린에 시각 요소가 제시되는 '재현(representation)'의 전통과, 프레스코나 디오라마 등의 시각 요소가 물리적으로 동일한 공간에 자연스럽게 배치되는 '시뮬레이션(simulation)'의 전통으로 나누어 설명한다(Manovich, 2002/2014). 메타버스가 제공하는 3D 공간의 콘텐츠 경험을 시각 매체의 계보 측면에서 본다면, 2차원 평면 스크린에 펼쳐지는 원근법적 '재현'의 계보가 아니라 이용자를 시각 요소가 둘러싸는 형태로 체험할 수 있는 '시뮬레이션'의 전통에 해당된다.

이런 점에서 우리가 메타버스로 지칭하던 콘텐츠는 '시뮬레이션'의 전통을 따르는 시각 매체의 계보를 확장하는 '새로운' 콘텐츠의 영역이라 할 수 있다. 이러한 시각적 측면뿐 아니라, 다양한 사람, 그리고 NPC(non-player character)와 같은 존재들과 상호 작용하는 것이 새로운 콘텐츠의 특징이라 할 수 있다.

메타버스에 대한 기대에 비해 우리가 많은 실망을 했던 중요한 이유 중 하나는, 메타버스가 실제 구현되기 위한 조건이 아직 충분하지 못했던 것과 관련된다. 먼저 3D 공간으로 세상을 재구성하는 것에 드는 비용의 문제다. 가상과 현실을 넘나드는 세상을 구현한다는 것은, 상당히 많은 분량의 3D 세상 데이터가 구축되어 있어야 하는 상황을 의미한다. 또한 상호 작용의 대상으로서 사람과 NPC의 자연스러운 소통에도 한계가 있었다.

인공지능은 바로 이러한 한계들을 해소하는 데 기여할 수 있다는 점에서 새로운 콘텐츠의 시대를 조금 더 앞당길 수 있다. 예를 들어, 현실감 있는 3D 공간을 구축할 때 인공지능은 기존 이미지들을 3D로 보다 쉽게 전환해 주는 역할을 할 수 있다. 또한 최근의 생성형 인공지능 기술은 사람과 자연스러운 대화가 가능한 가상의 캐릭터를 구현하기 시작했다.

인공지능과 모댈리티 전환

2025년 1월, 엔비디아(NVIDIA)의 창립자 겸 설립자인 젠슨 황(Jensen Huang)은 CES 2025(Consumer Electronics

Show 2025)의 키노트 스피치에서 인공지능의 차세대 개척지로 '물리 인공지능'을 지목했다(NVIDIA Korea, 2025). 최근 빠르게 발전하고 있는 동영상 생성 인공지능은 '물리 세계'에 대한 학습을 주요한 요소로 삼고 있다. 기존 이미지 학습의 한계를 넘어 물리적 세계에 대해 인공지능이 이해하는 것의 중요성이 커지고 있다. 물리 세계를 이해할 때 동영상에서 보다 현실감 있는 묘사가 가능할 것이다.

물리 세계에 대한 이해가 높아진다면, 인공지능을 활용해서 현실의 세계를 가상의 공간에 재현하는 일은 보다 수월해질 것이다. 예를 들어, 기존의 이미지 기반 학습만으로는 이미지 내부의 인물, 사물, 환경이 실제에 가까운 움직임을 보이는 결과를 만들기 어렵다. 동영상 생성 인공지능 서비스의 품질은 해당 모델이 '물리 세계'에 대한 학습을 충분히 갖추고 있느냐에 따라 차이를 보이게 되는 것이다.

인공지능이 물리적 세계를 이해한다는 것은 무엇을 의미하는가? 이는 단순히 시각적 이미지를 학습하는 것을 넘어서, 우리가 살고 있는 세계의 근본적인 작동 원리를 이해하는 것을 뜻한다. 예를 들어 중력의 법칙이나 물체의 움직임과 같은 기본적인 원리들을 인공지능이 이해하고 이를 바탕으로 추론할 수 있어야 한다는 것이다.

젠슨 황이 언급한 '물리 인공지능'은 물리적 법칙과 데이터 기반 학습을 결합해 실제 현상을 더 정확히 예측하고 이해하는 것을 목표로 한다. 실제 환경과 빛, 대상 영속성(object permanence) 등의 조건들을 고려해서 가상의 세상을 구성하고, 이를 통해 로보틱스와 같이 현실 세계의 장비들에 적용 가능한 인공지능 모델로 기능하도록 하는 것이다(NVIDIA Korea, 2025).

이와 더불어 인공지능은 메타버스 내에서 새로운 형태의 콘텐츠 창작을 가능하게 한다. 생성형 인공지능은 대화, 이야기, 이미지, 동영상, 음악 등 다양한 형태의 콘텐츠를 창출하는 데 중요한 역할을 한다. 이는 메타버스 공간에서 3D 모델 데이터, 음성 데이터 등을 실시간으로 제작하고 공유하는 기술적 기반이 된다.

2차원에서 3차원으로의 전환은 메타버스 구현에 핵심적인 과제였다. 특히 현실 세계의 객체들을 3D 모델링으로 구현하는 과정은 많은 시간과 비용이 소요되는 작업이었다. 인공지능 기술의 발전으로 이러한 모댈리티 전환 과정이 혁신적으로 개선되고 있다. 인공지능은 2D 이미지를 입력받아 새로운 시점에서의 물체 이미지를 만들어내는 방식으로 3D 모델링 과정을 자동화한다. 한 물체를 여러 방향에서 찍은 이미지 몇 장만으로도 나머지 각도에서의 모습을 자동으로 생성해 낼 수 있게 된 것이다.

예를 들어, 스테이블패스트3D(Stable Fast 3D)와 같은 생성형 인공지능 모델은 2D 이미지를 순식간에 3D 애셋(Asset)으로 전환하고 움직임까지 추가할 수 있도록 해 준다(남혁우, 2024). 생성형 인공지능을 통해 2D에서 3D로의 모델리티 전환을 빠르고 쉽게 해 줄 수 있게 된다면, 메타버스의 구성을 위한 3D 콘텐츠의 핵심 애셋들이 지금보다 더 다양하게 확대될 수 있을 것이다.

무엇보다 인공지능 기술은 3D 모델링의 진입 장벽을 크게 낮출 것으로 예상된다. 복잡한 소프트웨어나 전문적인 기술 지식이 없어도, 인공지능 기반 도구들을 통해 누구나 3D 모델을 쉽게 만들 수 있는 기회가 열리고 있다. 이러한 기술적 혁신은 단순히 제작 비용을 절감하는 것을 넘어, 더 많은 창작자들이 3D 콘텐츠 제작에 참여할 기회를 제공할 것이다.

인공지능과 스토리 리빙

메타버스 세계에서 이루어지는 콘텐츠 스토리텔링은 많은 경우 '스토리 리빙(story living)'의 형태로 구성된다. 선형적인 서사를 주어진 대로 즐기기보다, 이용자가 직접 참여하며 이야기를 '경험'해 나가는 방식을 취하기 때문이다. 이때의 핵심 요소는 상호 작용이다. 이용자와 콘텐츠가 상호 작용 하며 이야기를 경험해 나갈 수 있도록 하기 위해선, 인간과 상호 작용 할 수 있는 대상이 필요하다.

생성형 인공지능 기술은 이러한 상호 작용을 제공할 수 있다. 다수의 생성형 인공지능은 기본적으로 '챗봇' 형태의 대화형 서비스를 지향하며, 이용자가 입력하는 프롬프트(prompt)는 물론 다양한 이야기에 대해 반응한다. '대화'하는 인공지능의 등장은 콘텐츠 내에서의 이야기 경험을 고도화하는 데 중요한 역할을 할 수 있다.

텍스트를 기반으로 이야기의 세계를 이용자가 능동적으로 탐색할 수 있는 서비스는 생성형 인공지능을 통해 다양하게 시도되고 있다. 국내 인공지능 서비스인 뤼튼(wrtn)의 '캐릭터 챗', 제타(zeta)의 인공지능 채팅이 대표적인 사례다. 미국 등에서는 캐릭터닷AI(Character.AI)의 '페르소나 챗봇'이 서비스된 바 있다. 뤼튼의 경우 인공지능 캐릭터 대화로 월매출 10억 원을 기록하고, 월간 활성 이용자(MAU)가 500만을 돌파하는 등 빠른 성장세를 보이고 있다(박수호, 2024).

이러한 서비스들은 다양한 창작자가 캐릭터의 페르소나를 설정하고 세계관을 프롬프트로 구축해서 자유롭게 업로드할 수 있는 방식을 취하고 있다. 이를 통해 다양한 성격을 가진 캐릭터가 여러 세계관을 배경으로 이용자와 대화를 나누며 이야기를 전개해 나갈 수 있도록 한다.

이러한 사례는 앞으로의 새로운 콘텐츠 시대는 인공지능과의 적극적인 상호 작용을 통해서 이야기 경험을 자율적으로 구성해 나가는 방식으로 발전할 가능성이 높다는 점을 잘 보여 준다. 현재는 다양한 가상의 캐릭터와 텍스트로 이야기를 나누고 있지만, 앞서 검토한 모델리티 전환의 가속화와 결합된다면, 우리는 더 다양한 가상의 세계를 다양한 형식의 콘텐츠로 경험하는 새로운 '스토리 리빙'의 시대를 맞이하게 될 수 있을 것이다.

인공지능과 콘텐츠 IP 비즈니스

인공지능 시대의 '새로운' 콘텐츠를 상상할 때 중요하게 고려해야 하는 요소는 바로 '콘텐츠 IP(지식 재산권)'다. 콘텐츠 IP란 "콘텐츠를 기반으로 한 다양한 장르적 확산과 부가 사업을 가능하게 하는 관련 지식 재산권 묶음" (이성민 · 이윤경, 2016)이란 법적 개념으로도 설명 가능하지만, 콘텐츠 비즈니스의 핵심 자원이라는 측면으로도 설명할 수 있다. 콘텐츠는 창작자와 이용자를 연결하고, 또 이용자들 간의 상호 연결을 만들어 낸다. 이에 대해 사람들이 비용을 지불하게 된다는 점에서 콘텐츠 IP는 바로 이러한 연결과 수익화의 거점이 될 수 있다(이성민, 2023).

생성형 인공지능은 콘텐츠가 다양한 형태로 재구성될 수 있는 환경을 마련하고 있다. 문제는 이렇게 재구성된 경험들을 어떻게 수익으로 연결할 수 있을 것이냐다. 콘텐츠의 조각들에 대한 접촉은 늘어나지만, 과거의 전형적인 수익화 방식인 '본편' 콘텐츠의 소비로 직접적으로 연결되지 못한다면 어떻게 해야 할까? 콘텐츠 기업 입장에선 인공지능 시대를 고민할 때, 제일 먼저 이러한 질문에 직면하게 된다.

콘텐츠 IP는 수많은 콘텐츠의 조각들을 연결하는 하나의 개념, 즉 전체 콘텐츠를 묶어 주는 일종의 브랜드와 같은 역할을 한다. 다양한 형태로 유동화된 콘텐츠의 경험이 결과적으로 콘텐츠 IP에 대한 이용자의 주목과 관심으로 축적되고, 이들이 다시 유의미한 수익 활동과 연결될 수 있도록 하는 것이 비즈니스 전략의 핵심인 것이다.

인공지능 시대에는 콘텐츠 IP 전략이 훨씬 더 정교화되어야 할 것이다. 인공지능으로 콘텐츠의 유동성이 높아지면서, 콘텐츠 IP를 다양한 유형과 형태, 방식으로 즐길 기회가 훨씬 더 많아질 것이다. 3D 월드에서의 상호 작용을 포함해서, 더 다양한 경험의 기회를 통해 이용자들은 보다 적극적으로 IP 세계를 탐구하고 경험하게 될 것이다. 이러한 경험들을 하나의 거점, 즉 콘텐츠 IP로 적절히 모으고 사업과 연결될 수 있도록 하는 전략적 기획을 해내는 것이야말로 앞으로 콘텐츠 기업에게 가장 필요한 핵심 역량이 될 것이다.

참고문헌

남혁우(2024.8.4). "한 장에 0.5초" … 스태빌리티AI, 2D를 3D로 만드는 고속 AI모델 공개. ≪ZDNET Korea≫, https://zdnet.co.kr/view/?no=20240804122231

박수호(2024.12.16). AI 캐릭터 대화로 월매출 10억? … 유료화 성공 '韓 스타트업'. ≪매일경제≫, https://www.mk.co.kr/news/business/11195346

이성민(2022). 콘텐츠 IP 시대, 트렌드 읽기. 김경달 외, 『디지털 미디어 인사이트 2023』(300-340쪽). 이은북.

이성민(2023.1.3). 콘텐츠IP, 산업의 변화를 포착하는 렌즈. 브런치스토리, https://brunch.co.kr/@sky153/82

이성민 · 이윤경(2016). 『콘텐츠 지식재산 활용산업 활성화 방안 연구』. 한국문화관광연구원.

Manovich, L.(2002). *The language of new media*. MIT Press. 서정신 옮김(2014). 『뉴미디어의 언어』. 커뮤니케이션북스.

NVIDIA Korea(2025.1.8). CES 2025: NVIDIA 젠슨 황 CEO, "AI가 놀라운 속도로 진보하고 있다". NVIDIA Bolg Korea, https://blogs.nvidia.co.kr/blog/ces-2025-jensen-huang/

09
인공지능 시대, 사람의 역할

인공지능이 콘텐츠 생성의 중요한 도구로 자리 잡으면서 사람의 역할과 직업의 미래에 대한 두려움을 불러일으킨다. 중요한 건 인공지능이 대체할 수 없는 인간의 역할을 찾는 것이다. 인공지능이 갖지 못한, 몸이나 감정과 같이 데이터화되기 어려운 영역에서 출발한 경험을 토대로, 새로운 기술을 통해 재구성된 환경에서의 적절한 판단과 결정은 인간만이 할 수 있고 해야 한다는 점을 인식할 필요가 있다.

AI와 화장품?

인공지능에 대한 두려움을 넘어서

인공지능 기술의 발전에 대해 검토하다 보면, 자연스럽게 다음의 질문을 던지게 된다. 우리, 사람은 도대체 어떤 역할을 해야 할까? 우리는 과연 지금의 큰 변화 속에서 적절히 생존할 수 있을까? 앞으로 다가올 세상에서 사람의 위치는 도대체 어디일까?

먼저 인공지능에 대한 두려움을 생각해 보자. 인공지능에 대한 두려움의 본질은 결국 인간이 하던 역할에 대한 '대체 가능성'의 문제다. 특히 콘텐츠 산업에 속한 사람들에게는, 생성형 인공지능이 과거에 사람만이 할 수 있다고 여겼던 '창작' 활동의 많은 영역을 담당할 수 있게 되면서, 사람의 역할이 많이 재조정될 수밖에 없을 것이란 우려가 커지고 있다.

새로운 도구가 나오면 일하는 방식과 성격은 변화할 수밖에 없다. 디지털 전환도 오랜 시간에 걸쳐서 기존의 여러 가지 역할들이 사라지는 것에 영향을 주었다. 신문 산업에 디지털 편집이 도입되고, 비디오테이프가 디지털 저장 장치로 바뀌며, 영상 편집이 비선형 편집(NLE, Non-linear Editing)으로 바뀌는 시점에서도 역할과 직무 조정이 이루어졌다.

동시에 기술은 항상 새로운 직무, 새로운 직업의 탄생

을 가져온다. 일하는 방식이 바뀌고 새로운 비즈니스가 등장하면, 새로운 일자리도 필요하게 된다. 기존의 직무는 조정되고 재구성된다. 사람들도 이러한 변화에 적응하여 때로는 직무의 전환을, 때로는 새로운 숙련의 기회를 찾으며 각자의 일을 해 나간다.

이런 점에서 사람의 대체와 일자리의 축소에 대한 우려는 다소 과장된 측면이 있다. 물론 콘텐츠 산업에서는 제작 기술과 제작 과정, 즉 파이프라인의 변화가 나타날 때 새로운 숙련을 쌓고 업무 과정을 재조직하는 등의 노력이 필수적이다. 이 과정에서 기회를 얻는 사람도 있고, 일부 위기를 겪는 사람도 나타날 수 있다.

그럼에도 우리가 인공지능의 영향력을 과대평가하고, 인공지능에 대해 의인화와 같은 지나치게 과도한 권위를 부여하고 있진 않은지 고민해 볼 필요가 있다. 많은 인공지능 전문가들이 특히 콘텐츠 분야에서 생성형 인공지능의 역할에 대해 논의할 때 공통적으로 제기하는 것은 바로 최종적인 사람의 '선택'이다. 여러 기능적 진보와 창발적 가능성을 열어 주는 장점에도 불구하고, 생성형 인공지능이 콘텐츠 산업에서 할 수 있는 핵심 역할은 결국 일을 위한 '도구'일 수밖에 없다. 일부 과정에서 기계의 많은 도움을 받더라도 최종적인 판단은 사람이

해야만 한다.

콘텐츠 분야의 일은 어떻게 달라질까

인공지능에 의한 노동의 변화를 이야기할 때 노동의 종류에 따른 차이를 고려하게 된다. 저숙련과 고숙련의 차이, 패턴화 가능성, 데이터화 가능성과 같은 여러 요인에 따른 차이가 대표적이다. 콘텐츠 산업에선 특히 어떤 요인들을 고려해야 할까?

먼저 콘텐츠를 다양한 형식으로 전환하는 수많은 노동을 생각해 볼 수 있을 것이다. 디지털 미디어 환경에서 콘텐츠의 형식을 바꾸는 재조직 작업의 수요가 늘어나면서 해당 분야의 편집 관련 직무를 담당하는 인력도 확대되어 왔다. 이 분야는 앞으로 숙련의 정도에 따라 분명 영향을 받게 될 것이다. 예를 들어, 뉴스 콘텐츠의 문체를 블로그, 소셜 미디어, 보도 자료 등에 맞춰 다양한 형식으로 변환하는 작업에 대해 과거에는 인턴 등의 비숙련 인력의 도움을 받았다면, 이제는 인공지능을 통해 보다 쉽게 진행할 수 있게 되었다. 인력의 조정이 나타날 가능성이 높은 분야다.

콘텐츠 창작에 필요한 단순한 수준의 재료들, 즉 애셋(Asset) 시장에서도 변화가 나타날 것이다. 기존에는 애셋 마켓 등을 통해 저작물을 구매하는 방식으로 재료를 확보했다면, 앞으로는 인공지능으로 애셋을 '생성'하는 방식으로 전환될 수 있다. 기업의 입장에선 애셋 마켓을 통해 저작권자에게 지불하던 비용을 인공지능의 구독 비용으로 이전할 수 있다.

반면 대체되기 어려운 일도 분명히 존재한다. 이미지를 생성하는 인공지능이 등장했다고 해서 웹툰 작가가 일자리를 잃는 것은 아니다. 웹툰 작가의 고강도 노동을 일부 줄이는 데 인공지능이 도움을 줄 순 있지만, 고유의 서사와 캐릭터의 구성 전략은 여전히 작가의 몫이다. 물론 기획의 과정, 세계관 구축의 과정 등에서 인공지능의 역할이 없는 것은 아니다. 중요한 것은 명령과 선택의 과정이다. 우리는 인공지능에게 적절한 명령을 내려야 하고, 인공지능이 만들어 낸 랜덤의 결과물 중에서 더 적절한 것을 선택하는 판단을 해내야 한다. 그리고 판단된 결과물들을 다시 한번 조합하는 일도 결국 사람의 몫이다.

중요한 건 인공지능을 활용한 새로운 제작 과정에 대한 이해와 관심이다. 인공지능을 활용하면 기존의 반복적인 업무 일부가 대체될 수 있지만, 이 과정에서 새롭게 해야 할 일이 생긴다. 과거엔 그림을 손으로 그리던 사람이 필요했다면, 이제는 프롬프트(prompt)를 통해 조명,

구도, 배경 등을 생성해 내는 엔지니어링 역량을 가진 사람이 필요하게 된다. 변화를 인식하고 이에 적절히 대응할 때, 오히려 창의성과 생산성을 한 단계 높일 기회를 얻을 수 있을 것이다.

인간만이 할 수 있고, 해야 할 일

그럼 인간이 해야만 하는, 인간만이 할 수 있는 일은 무엇일까? 기계가 대체할 수 있는 '역할' 말고, 사람의 역할은 어디에서 찾아야 할까? 인간이 '결정'을 하는 주체라는 점은 계속해서 강조한 바 있다. 콘텐츠 창작은 수많은 요소의 조합과 재구성에 대한 판단의 결과로 최종 결과물이 도출된다. 결국 이런 판단의 역량을 갖추는 것이 인간에게 필요한 과업이라 할 수 있다.

흥미로운 부분은 '판단'이 강조되는 과정에서 기능적 숙련을 넘어서 '감각'의 숙련이 중요해진다는 것이다. 기술적으로 콘텐츠를 일정 수준으로 만들어 내는 일은 기계도 잘해 낼 수 있다. 문제는 각 요소들의 조합, 선택을 위한 '눈'을 갖는 것이다. 수려한 그림을 그릴 수 있는 '손'의 숙련도 중요하지만, 더 중요한 것은 이미지의 구성과 관련된 여러 화풍의 계보적 이해, 조명과 구도, 카메라의 렌즈와 필터 같은 요소들에 대한 이해와 창의적 조합의 역량이다.

실제로 생성형 인공지능을 통해 상업적 수준의 이미지와 영상을 생성하는 창작자들은 프롬프트와 파라미터 등의 입력 과정에서 때로는 조명 감독이자 촬영 감독으로서 전문 지식에 기초한 요소들을 학습하고 활용하고 있다. 세부적인 편집 기술과 같은 기능적 교육보다 미술사나 영화사와 같은 여러 창작 요소에 대한 계보적, 역사적, 구조적 이해가 갖는 가치가 인공지능 시대엔 더 높아질 수 있는 것이다.

데이터로 변환되지 않은 현실에 대한 이해 역시 중요한 부분이다. 세상에는 아직 데이터화되지 않은, 혹은 될 수 없는 현실이 여전히 존재한다. 물리적 세상에 대해선 기술이 빠르게 접근하고 있지만, 사람과 사람 사이의 소통, 갈등, 감정의 영역은 충분히 데이터화하기 어려운 영역으로 남아 있다.

기계는 몸이 없고, 감정도 없다. 감정 표현을 흉내 낼 순 있어도 감정을 갖진 못한다. 인공지능은 또한 감정에 휘둘리는 '취약한' 육체를 갖지 못한다. 육체와 감정을 가진 인간만이 할 수 있는 일이란, 감정이 만들어 내는 수많은 변수와 변화를 이해하고 발견해 내는 일일 것이다. 몸이 없고 감정이 없는, 기계가 할 수 없는 경험은 인간에게만 데이터가 존재하는 영역이다. 그렇기에 이들의 영역을 재조합하고 창의적인 결과물로 만들어 낼 수 있는 것도 인간일 수밖에 없다. 과거에 취약성으로 여겼던 요소가 오히려 강점이 될 수 있는 것이다.

인공지능이라고 하는 것은 결국 인간이 만들어 낸 데이터의 세상 안에 존재한다. 인공지능이 창발적으로 수많은 새로운 연결들을 만들어 낼 수 있다 하더라도, 이를 하나로 엮어서 온전한 경험으로 만들어 내는 것은 결국 인간의 역할이다.

인간은 도구를 만나면 항상 새로운 자기만의 위치를 찾아왔다. 창작물 역시 기술의 발전과 도구의 진화 과정에서 새로운 위계가 형성되며 변화해 왔다. 앞선 논의에서 콘텐츠의 창작과 유통, 이용에 이르는 모든 과정에서 많은 변화가 나타날 것이라는 점을 살펴본 바 있다. 이러한 변화 속에서 콘텐츠와 인간의 관계를 다시 인식하고, 새로운 창의성의 길을 찾아 나가는 일은 오직 인간만이 할 수 있고, 해야만 하는 일이다.

10
인공지능과 콘텐츠 비즈니스의 변화

인공지능은 게임이나 특정 콘텐츠 장르와 같은 개별적인 영역이 아닌, 디지털 전환과 같이 산업 전반을 변화시키는 기반 기술이다. 콘텐츠 기업은 콘텐츠의 본질을 인공지능 기술 시대에 맞게 발전시키는 것에 중점을 두어야 한다. 인공지능 기술을 통해 촉발된 경험 양식 자체의 변화에 대응하고, 새로운 경쟁에 적응하며, 콘텐츠 창작과 유통 방식을 재구성하는 노력을 이어 나가야 할 것이다.

종교와 AI?

인공지능 시대, 콘텐츠의 본질에 주목하기

인공지능 기술이 발전하면서 변화하는 환경 속에서 콘텐츠 기업은 어떻게 비즈니스를 해야 할까? 조금 더 직설적으로 말해서, 어떻게 돈을 벌어야 할까? 새로운 기술이 등장하면 기술 자체를 가지고 비즈니스를 하려는 기업들이 많이 등장한다. 그리고 많은 경우, 이러한 시도는 성공으로 잘 이어지지 않는다.

'닷컴 버블(dot-com bubble)'은 디지털 전환(DX, Digital Transformation)의 과정에서 벌어진 일을 상징적으로 보여준다. 디지털 전환기에 많은 기업들이 '디지털'이란 이름을 내세우며 투자를 받고 새로운 사업을 시도했다. 그러나 이들 기업 중 현재까지 살아남은 기업은 거의 없다. 인공지능 전환(AX, AI Transformation)의 시대도 크게 다르지 않다. 많은 기업들이 인공지능 기술 자체를 비즈니스의 중심에 두려 하지만 역사적으로 볼 때 이러한 접근은 성공 가능성이 높지 않다.

인공지능은 게임이나 특정 콘텐츠 장르와 같은 개별적인 영역이 아닌, 디지털 전환과 같이 산업 전반을 변화시키는 기반 기술이다. 인공지능 전환을 디지털 전환과 계속해서 비교하는 것은, 디지털 전환과 마찬가지로 인공지능 전환도 결국 오랜 기간 이어질 콘텐츠 산업의 누

적적이고 지속적인 변화의 흐름으로 나타날 것이기 때문이다. '디지털' 자체가 콘텐츠의 일부가 되기보다 수많은 콘텐츠 산업이 '디지털화'된 것이 실제 디지털 전환의 과정이었다. 마찬가지로, '인공지능' 자체가 콘텐츠가 되기보다 콘텐츠 산업 전반이 인공지능을 통해 변화하는 과정을 겪을 가능성이 높다.

콘텐츠 기업 입장에서는 콘텐츠의 본질을 인공지능 기술 시대에 맞게 발전시켜 나가는 것에 더 중점을 두어야 한다. 인공지능을 어떻게 활용해서 콘텐츠 자체를 잘 만들지에 집중해야 한다. 물론 이렇게 만들어진 결과물을 어떻게 인공지능 환경에 맞게 확산시키고, 그 경험을 어떻게 비즈니스로 연결시킬 것인지에 대해선 더 깊은 고민을 해야 한다.

인공지능이 바꾸는 콘텐츠 비즈니스

인공지능 시대의 콘텐츠 비즈니스 전략은 크게 세 가지 방향으로 요약해 볼 수 있다. 시간과 비용을 절감하거나, 경험의 품질을 높이거나, 소비의 범위를 확장하는 방향이다. 많은 경우, 콘텐츠 기업들은 인공지능 기술을 비용 절감의 차원에서 접근한다. 이렇게 확보한 여력은 콘텐츠의 품질을 높이는 데 투자하거나, 콘텐츠 재구성을 통한 경험의 폭을 넓히는 분야에 투자할 수 있다. 또한 해외 유통에서 번역과 같은 현지화의 역량을 높이는 부분에 인공지능을 활용할 수도 있다.

다만, 단순히 비용 절감으로 콘텐츠 비즈니스의 변화가 마무리될 것이란 생각은 적절하지 않을 수 있다. 많은 경우에 기술과 도구가 발전하면 그것은 결과적으로 일하는 방식의 변화, 경험의 확장에 대한 투입 방식의 변화로 이어진다. 치열한 경쟁이 벌어지는 콘텐츠 산업에서 비용의 효율화는 더 큰 경험을 향한 전환점을 마련하는 계기가 되어 왔다.

웹툰을 예로 들어 보자. 만화 시절에는 손으로 하나하나 그려야 했던 부분들이 디지털 환경에서는 애셋(Asset)의 활용 등 다양한 기술적 요소들을 통해 효율화되었지만, 그 결과가 노동량의 축소로 이어지진 않았다. 오히려 과거에는 불가능했던 컬러 콘텐츠의 소비가 확대되면서 더 많은 분량을 더 많이 생산하는 치열한 경쟁이 전개되었다. 인공지능 기술의 발전도, 이러한 경쟁의 기준점 자체를 변화시킬 확률이 높다.

결국 우리는 인공지능 시대에 우리의 콘텐츠 경험 자체가 어떻게 확장될 것인가에 대해 생각할 수밖에 없다. 우리가 경험할 수 있는 이미지 혹은 소리, 텍스트와 같은 다양한 모댈리티(Modality)의 콘텐츠 생산이 인공지능을 통해 더 수월해진다면, 이를 통해 더 풍부해진 콘텐츠들, 그리고 더 많은 창작자가 참여하는 시장은 콘텐츠에 대한 감각 자체와 콘텐츠의 경험 방식 전반에 변화를 가져올 것이다. 새로운 사회, 새로운 미디어 기술은 우리가 경험하는 세계의 지평을 넓히고 바꾼다. 콘텐츠 기업들은 인공지능 기술을 통해 촉발된 경험 양식 자체의 변화에 대응하고 새로운 경쟁에 적응하며, 콘텐츠 창작과 유통 방식을 재구성하는 노력을 이어 나가야 할 것이다.

콘텐츠 산업의 재구성

콘텐츠 산업 자체도 인공지능을 통해 재구성될 것이다. 이때 고민해야 할 큰 흐름은 바로 크리에이터 이코노미(creator economy)다. 디지털 미디어, 그리고 플랫폼은 누구나 창작자가 될 수 있는 시대를 열었다. 생성형 인공지능은 이러한 속도를 더욱더 빠르게 할 가능성이 있다.

기존에도 누구나 창작자가 될 수는 있었지만, 대개는 특정한 모댈리티에서 전문성을 가진 사람들로 한정되었다. 최소한 글은, 그림은, 노래는, 영상은 잘하는 사람이어야 창작자가 될 수 있었다. 그러나 인공지능 기술은 이러한 전제 자체를 허물고 있다. '손'의 숙련은 없으나 콘텐츠 세계를 잘 이해하는 사람은 인공지능의 도움으로 기존에 없던 콘텐츠를 만들어 공유할 수 있다. 디지털 플랫폼이 열어 준 1차 크리에이터의 확장이 생성형 인공지능을 통한 2차 확장으로 이어질 가능성이 높은 것이다.

콘텐츠 비즈니스, 즉 돈을 버는 관점으로 고민한다면 이러한 지형의 변화는 '돈이 되는 콘텐츠'의 속성 변화로 이어질 가능성이 높을 것이다. 이용자의 지불 의사는 항상 '희소함'으로부터 나온다. 만약 인공지능으로 인해 디지털 이미지, 디지털 사운드가 희소하지 않아진다면, 사람들은 다른 희소함을 찾아 돈을 지불하기 시작할 것이다.

코로나19 이후 오프라인 경험에 더 많은 사람들이 모이고 돈을 쓰는 흐름이 나타난 것은 이러한 변화의 가능성을 상징적으로 보여 준다. 누구나 할 수 없는 아날로그적인 창작과 경험, 혹은 다양한 콘텐츠 접촉을 진정한 경험으로 전환시킬 수 있는 역량을 가진 기업에게 새로운 사업적 기회가 열릴 수 있을 것이다. 이런 점에서 콘텐츠 기업은 자신의 콘텐츠가 보다 폭넓은 경험 영역으로 연결될 수 있는 사업의 구조를 고민해야만 한다.

인공지능 기술 자체를 통한 사업적 기회도 없는 것은 아니다. 콘텐츠 창작의 인프라 역할을 하는 미들웨어

(middleware) 시장은, 이미 다양한 글로벌 기업과 스타트업이 인공지능 기술을 두고 각축전을 벌이고 있는 영역이다. 디지털 플랫폼 시대에도 이러한 변화는 나타나고 있었다. 게임 산업에서 성장한 언리얼(Unreal)과 유니티(Unity) 같은 상용 엔진 서비스, 컴퓨터 그래픽스 기술을 주도한 어도비(Adobe) 등이 대표적인 사례다. 지금도 이미지와 영상 생성 인공지능 서비스들은 생성 모델의 경쟁을 넘어, 특정 분야에 특화된 사용자 친화적 제작 프로세스를 제공하는 서비스 개발을 이어 가고 있다. 생성형 인공지능도 콘텐츠 창 · 제작 및 유통 과정 전반의 변화, 즉 파이프라인의 변화 속에서 새로운 미들웨어 영역의 강자들을 탄생시킬 것이다.

인공지능 시대에도 변하지 않는 것

인공지능 기술의 발전은 콘텐츠 산업의 많은 것을 바꾸어 놓을 것이다. 콘텐츠의 형식, 제작과 유통의 방식, 이용과 참여의 방식 등 많은 질서가 재구성될 것이다. 그럼에도 불구하고 변하지 않는 것은 있다. 콘텐츠 산업이 결국 마음의 비즈니스(차우진, 2023)라는 점이다.

존 듀이(John Dewey)는 인간이 외부 세계와 만나 발생한 '경험'이 표현력을 획득한 것을 예술, 즉 콘텐츠로 바라보며, 유기체가 삶의 과정에서 갖는 완결성을 가진 경험을 '하나의 경험(an experience)'으로 강조한다(Dewey, 1934/2003).

이러한 관점에서 본다면, 인공지능 기술의 발전으로 인한 인간 삶의 변화는 필연적으로 새로운 경험 양식으로서 콘텐츠의 형식과 내용의 변화를 가져올 것이다. 다른 한편으론, 유동화되고 파편화되는 콘텐츠 재료의 조각들이 늘어나면서, 이들을 '하나의 경험'으로 묶도록 돕는 역할이 더 중요해질 수 있다. 콘텐츠가 여러 조각으로 쪼개지고 여러 형식으로 재구성되는 과정에서, 오히려 온전한 '하나의 경험'을 만들어 낼 수 있는 콘텐츠의 희소성과 중요성이 높아질 수 있는 것이다.

이는 역설적으로 인공지능 시대에, 가장 전통적이고 본질적인 창작자의 역량과 역할이 더 중요해질 수 있다는 점을 의미한다. 사람들의 마음을 울리는, 온전한 경험을 만들어 낼 수 있는 '작품'과 '작가'에 대한 주목은 더욱 높아질 수 있다. 인공지능의 발전을 통해 '돈을 버는 방식'에는 분명 변화가 나타나겠지만, 콘텐츠의 본질인 인간의 경험을 전달하고 매개하는 역할은 오히려 더 강화될 수 있는 것이다.

앞서 '돈을 버는 방식', 즉 콘텐츠 비즈니스는 '콘텐츠

IP(지식 재산권)'를 통한 경험의 축적과 연계, 확장이 중요해질 것이라 논의한 바 있다. 이러한 연계와 확장을 위한 출발점은 결국 사람들이 스스로 '팬'이라 규정할 정도로 열정을 다할 수 있는 '하나의 경험'이다. 오랜 기간 사랑받아 온 콘텐츠 IP는 물론 지금 이 순간에도 새롭게 부상하는 콘텐츠 IP에 이르기까지, 인상적인 '하나의 경험' 없이 성장한 사례는 없다. 인공지능 시대에도 변하지 않는 것은 사람들의 마음에서 출발하는, 경험을 만들어 내는 콘텐츠의 가치일 것이다.

참고문헌

차우진(2023). 『마음의 비즈니스』. 유유.

Dewey, J.(1934). *Art as Experience*. Minton, Balch. 이재언 옮김(2003). 『경험으로서의 예술』. 책세상.

이성민

한국방송통신대학교 미디어영상학과 부교수다. 서울대학교 언론정보학과에서 박사 학위를 받았다. 문화 정책 분야의 국책 연구 기관인 한국문화관광연구원(2015.12.~2020.8.)에 재직한 바 있으며, 문화체육관광부 문화다양성위원회 위원, 대통령 직속 신남방정책민간자문위원단 자문 위원, 미디어콘텐츠산업융합발전위원회 전문 위원, 한국방송학회 총무 이사, 한국언론학회 연구 이사 등을 역임했다. 주요 저서로 『한류 탐색: 역사와 이론』(공저, 2024), 『디지털 미디어 인사이트 2024』(공저, 2023), 『한류와 문화다양성』(공저, 2023), 『언론산업 인공지능(AI) 활용방안 연구』(공저, 2023), 『영상문화콘텐츠 산업론』(공저, 2022), 『오징어 게임과 콘텐츠 혁명』(공저, 2022) 등이 있으며, 주요 논문으로는 "디지털 전환은 우리의 경험을 어떻게 바꾸는가?: 경험의 주체, 맥락, 내용의 변화와 융복합"(공저, 2023), "넷플릭스의 초국적 콘텐츠 소구 전략: 〈오징어 게임〉에 나타난 장르적 보편성과 문화적 특수성의 이중적 상품화 구조 분석"(공저, 2022) 등이 있다.